15 SEGREDOS REVELADOS PARA ALCANÇAR A ALTA PERFORMANCE

OS SEGREDOS DA ALTA PERFORMANCE

EDITORA CHAVE MESTRA®

EDITORA
CHAVE MESTRA®

Av. Marcos Penteado de Ulhoa Rodrigues, 1119 – Tamboré, Alphaville - SP,
Ed. Office Shopping Tamboré – Andar 21 – Sala Chave Mestra
CEP: 06460-040
@editorachavemestra
editora@editorachavemestra.com.br
Acesse: www.editorachavemestra.com.br

Título original em português:
Os segredos da alta performance: 15 segredos revelados para alcançar a alta performance

Direção editorial: Raquel Medeiros
Coordenadora editorial: Bartira Costa Neves
Assistente editorial: Eloiza Andrade e Amanda Oliveira
Revisão: Karen Batista
Diagramação: Weslei Eugênio
Branding de capa: Izzo Medeiros
Projeto gráfico: Weslei Eugênio

O conteúdo desta obra é de total responsabilidade dos autores e não reflete necessariamente a opinião da editora.

Dados Internacionais de Catalogação na Publicação (CIP)

Vale, Rogério (Organizador)
V149 Os segredos da alta performance: 15 segredos revelados para alcançar a alta performance / Rogério Vale – Barueri, SP: Chave Mestra Editora, 2024. 224 p. : 16 x 23 cm

ISBN 978-65-5496-002-1

1. Desenvolvimento pessoal. 2. Mindset. 3. Negócios. 4. Riqueza. 5. Sucesso nos negócios. 6. Atitude. I. Título.

CDD 158.1

OS SEGREDOS DA ALTA PERFORMANCE

SUMÁRIO

PREFÁCIO

É com emoção que escrevo este prefácio. De muitos trabalhos, conquistas e sonhos realizados, de longe, este é o projeto mais importante da minha vida. Crescer minha árvore foi satisfatório, mas ver meus frutos sendo colhidos... é quintessêntico!

Cada um dos escritores que contribuíram para este livro trouxe uma história única de superação, fé e determinação. Suas palavras são como luzes brilhantes em meio à escuridão, guiando-nos em direção à excelência e ao propósito.

Os segredos da alta performance não é apenas um livro, é um testemunho poderoso de que, independentemente de nossas origens ou desafios, sempre haverá apoio e luz no caminho para alcançar nossos sonhos. Cada capítulo é uma jornada de transformação, mostrando que a persistência, a coragem e a fé são fundamentais para alcançarmos nossa plenitude.

Ao ler estas páginas, você será inspirado a despertar seu potencial, a enfrentar seus medos e a escrever uma nova história para a sua vida. Acredite, escolhas difíceis levam a grandes vitórias, e a verdadeira alta performance vem não somente de mentes focadas, mas também de corações unidos em um propósito maior.

Que este livro seja uma bússola para quem busca ressignificar seus lutos, superar desertos, redescobrir-se nas finanças e fortalecer sua autoestima. Que ele seja um guia para todos aqueles que desejam voar mais alto e alcançar seus sonhos mais profundos.

Agradeço a cada autor por compartilhar suas histórias e ensinamentos. Que eles sejam uma fonte de inspiração e transformação para todos os leitores, levando-os a acreditar que, com fé, determinação e perseverança, tudo é possível.

Aqui está um farol de luz e esperança, iluminando o caminho de todos aqueles que desejam alcançar a alta performance em todas as áreas de suas vidas.

Ao ler estas páginas, que você encontre o combustível que alimenta a chama da sua determinação e o impulso que o(a) leva além de seus limites, rumo a uma vida de realizações excepcionais.

O verdadeiro segredo da alta performance é ousar fazer. Somos provas vivas disso, pois, quando combinamos a coragem de agir com a determinação de persistir, transformamos sonhos em realidade, desafios em oportunidades de crescimento e medos em motivos para inspirar.

Só inspira quem está inspirado. Eis aqui a nossa inspiração!

Com amor e honra,

KAREN BATISTA

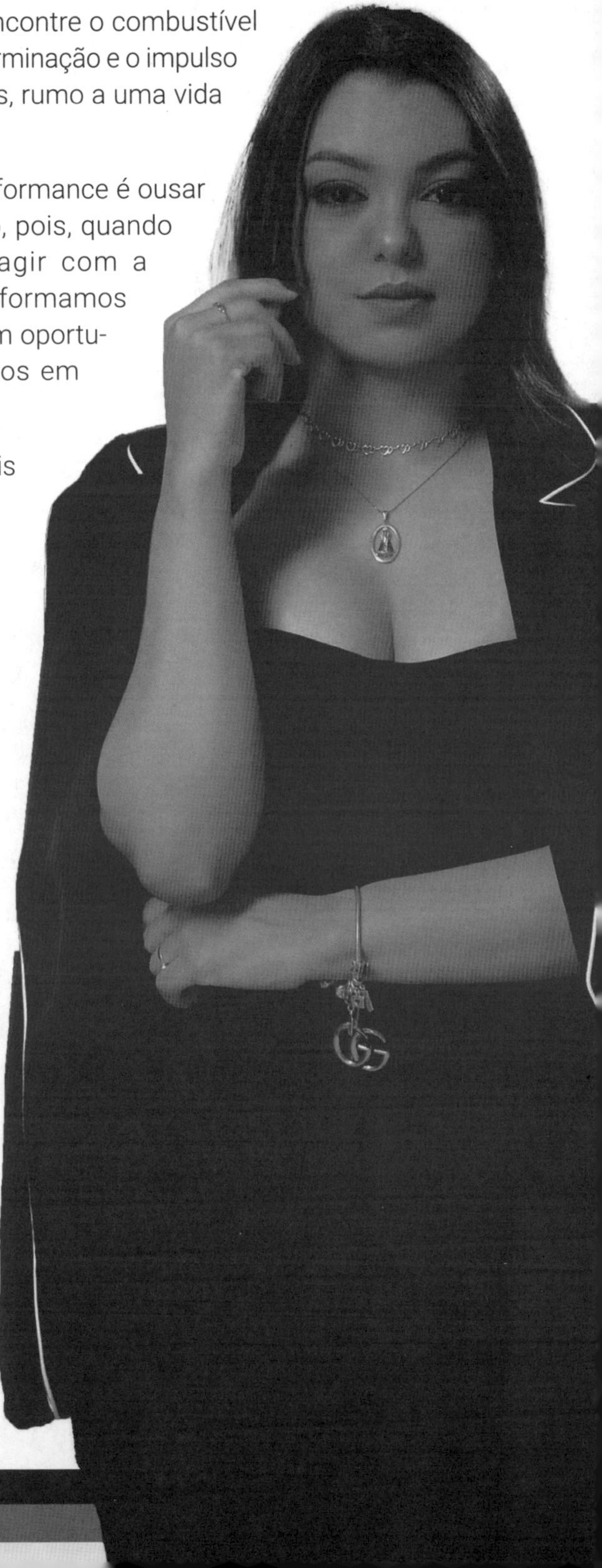

ALINE SOUSA

Eu sou a filha mais velha dos feirantes Manoel Dias Pereira e Deusina de Sousa Macêdo Dias, os quais me ensinaram o valor do trabalho árduo e o poder da perseverança desde cedo. Sou formada em Licenciatura em Matemática pela Universidade Federal do Tocantins (UFT) e trabalho na educação básica há mais de 5 anos.

Iniciei uma nova jornada de estudos no ano de 2022 focada em transformar não apenas a minha vida, mas também a vida daqueles ao meu redor. Decidi aprender e aplicar um método prático em investimentos esportivos, buscando novas oportunidades e conhecimentos que possam impactar positivamente a vida das pessoas.

alinnee_sousaa

+55 (63) 99244-6430

mentora.alinesousa@gmail.com

OS SEGREDOS DA
ALTA PERFORMANCE

01 OS PILARES DO INVESTIMENTO: GUIA BÁSICO

Por Aline Sousa

Minhas raízes

Sou moradora de um pequeno povoado localizado nas margens da BR 153, no interior do estado do Tocantins, no município de Wanderlândia, chamado de Povoado Floresta, mais conhecido como "Quebra-Vara" — foi atribuído esse nome pelos primeiros moradores da região e é popularmente utilizado para se referir ao povoado.

Apesar de ser uma comunidade pequena, estamos próximos de outras cidades maiores, o que nos permite acesso a serviços básicos e oportunidades de trabalho. Aqui no povoado temos uma escola na qual se atende às crianças da região, além de um posto de saúde onde recebemos atendimento básico quando necessário.

O clima aqui é típico do cerrado, com a presença de duas estações bem definidas: o período chuvoso e o período seco. Durante o verão, temos dias quentes e úmidos, enquanto o inverno apresenta temperaturas mais baixas e mais chuvas.

A economia é baseada principalmente na agricultura familiar e na pecuária, com os moradores dedicando-se à produção de alimentos como mandioca, milho, feijão, além da criação de gado e aves. Meus pais, são feirantes de coração, dedicam-se há mais de 30 anos ao plantio da mandioca, produzindo uma variedade incrível de derivados desse alimento tão especial, como massa da mandioca, polvilho seco, polvilho molhado e a puba.

Aqui em nossa região, a plantação da mandioca acontece nos meses de novembro e dezembro. Antes de fazer o plantio da mandioca, precisamos preparar a terra: é necessário fazer 3 arações na terra, deixando-a bem soltinha e macia, para que as raízes da mandioca consigam crescer facilmente.

Assim que terminamos de preparar a terra, precisamos esperar o momento certo para fazer o plantio. De acordo com os agricultores, a fase lunar pode influenciar no desenvolvimento da raiz da mandioca. Acredita-se que a lua cheia estimula o desenvolvimento do crescimento da batata da mandioca, enquanto a lua nova influencia no crescimento do caule da planta. Então, alguns produtores preferem realizar o plantio da mandioca durante a lua crescente, acreditando que isso resultará em batatas mais grosas.

Plantio da mandioca

Na plantação da mandioca, é usado o caule da planta, chamadas de manivas. Essas manivas devem ser cortadas em pequenos pedaços de aproximadamente 20 centímetros, garantindo que cada segmento contenha pelo menos três olhos. O corte deve ser feito com um facão afiado.

O plantio das manivas é feito em covas com uma profundidade de aproximadamente 5 a 10 centímetros. Com cuidado, coloca-se as manivas no fundo dessas covas — horizontal ou vertical — e as cobre completamente com terra. É preciso se certificar de que todas as manivas estejam bem enterradas para garantir o seu bom desenvolvimento. É importante deixar uma distância adequada entre as manivas, geralmente de 60 a 80 centímetros. Isso é essencial para que cada planta tenha espaço suficiente para crescer e suas raízes desenvolverem bem com a ventilação. Além disso, ao manter essa distância entre as manivas, você facilitará os cuidados futuros, como limpezas da plantação, que é feita com a enxada até a colheita.

A mandioca, em geral, leva de 11 a 15 meses para estar pronta para a colheita. Esse tempo pode variar dependendo da variedade e das condições de cultivo. A colheita da mandioca é feita de forma manual, com a ajuda de enxadas, capinadeira e motor cultivador. Desenterra-se as raízes do solo e, depois disso, é necessário levá-las para a casa de farinhas, onde será feito o processamento da mandioca.

Em nossas casas de farinhas, a produção dos derivados da mandioca é realizada de maneira tradicional. Contamos com ajuda de quatro mulheres incríveis, as quais são presença constante na linha de produção. Das 7h às 11h da manhã e das 13h às 17h no período da tarde, de segunda a sexta-feira, essas mulheres trabalham ao lado dos meus pais para produzir os melhores produtos feitos com a mandioca. São verdadeiras guerreiras, pois essa renda semanal é essencial para a sustentação de suas famílias e de seus lares.

Temos 10 casas de farinhas no povoado e cada casa tem uma finalidade diferente para a mandioca. No caso dos meus pais, eles trabalham com a produção de diversos derivados, como o polvilho molhado e seco, a puba e a massa da mandioca. Cada um desses produtos requer um processo específico de produção, que é realizado ali.

Vou explicar apenas um dos processos de derivação com que meus pais trabalham.

Derivação do polvilho seco

Na produção de polvilho seco, primeiramente, a mandioca é descascada. Em seguida, é ralada em um motor elétrico para ser transformada em uma massa. Essa massa e lavada em redes de malha fina para extrair polvilho. Enquanto acontece a lavação da massa de mandioca, a mandipoeira, que é o líquido extraído da massa, vai caindo em taques grandes.

Nesses tanques, a mandipoeira é deixada em repouso, para que o polvilho se assente no fundo e a água seja drenada. A água é então separada do polvilho, que é retirado dos tanques para se fazer uma nova lavagem dele. Dessa vez, são utilizadas duas redes finas embutidas para evitar que passem quaisquer resíduos de massa.

Após lavar o polvilho, seguimos para a próxima etapa do processo. Colocamos o polvilho em caixas de água de 1000 L, para permitir que ele se acomode novamente no fundo. Isso acontece porque, durante a lavagem, o polvilho se mistura com a água, criando uma suspensão. Depois de um tempo de descanso na caixa de água, a água clara se acumula na superfície, enquanto o polvilho se deposita no fundo. É nesse momento que realizamos a drenagem da água, removendo-a com atenção para evitar a perda de polvilho.

Uma vez que a água tenha sido completamente drenada, retiramos o polvilho da caixa e o colocamos em uma cocha de madeira. Nessa etapa, quebramos o polvilho em pequenos pedaços para facilitar na peneiração. Após isso, peneiramos o polvilho para garantir que todas as partículas estejam do mesmo tamanho e, enfim, chega hora de finalizar o processo no sol.

São utilizadas 3 lonas grossas de plástico com 10 metros de comprimentos por 8 metros de largura para a secação do polvilho. Essas lonas são estendidas em uma área exclusiva para essa etapa. O polvilho é, então espalhado sobre a lona, o que permite que ele seque naturalmente sob o céu aberto. Assim que o polvilho fica seco, ele é ensacado em sacos de fibra. Esses sacos são resistentes e podem comportar até 4 latas de 20 litros em cada um. Depois de secar o polvilho, ele se transforma em um ingrediente incrivelmente versátil. Com ele, é possível criar deliciosos bolos, pães, biscoitos e outras comidas típicas da nossa região.

Aqui no nosso povoado, todos nós trabalhamos para produzir produtos de qualidade que são vendidos na cidade de Araguaína/TO, onde nossos clientes estão. Durante a semana, fazemos entregas para atender as demandas dos moradores da cidade e, aos fins de semana, comercializando nossos produtos fresquinhos nas feiras livres. Aos sábados de manhã, meus pais carregam suas barracas e levam seus produtos para a feira livre do mercado municipal de Araguaína. Lá, eles encontram os nossos clientes fiéis e também conhecem novas pessoas da comunidade.

Essa feira livre acontece todas as semanas, sempre às sextas-feiras, a partir das 15h, quando os feirantes chegam com seus produtos para vender. As atividades deles continuam até as 20h, mas não param por aí! Na manhã de sábado, a partir das 6h, a feira volta com tudo, oferecendo uma variedade incrível de produtos frescos e deliciosos e as vendas não param até as 14 horas do mesmo dia.

Eu cresci aprendendo sobre o trabalho duro e a dedicação que meus pais colocavam em seu negócio. Era muito inspirador ver como eles interagiam com os clientes, negociavam preços e garantiam que cada produto estivesse de qualidade. À medida que fui crescendo, comecei a me envolver cada vez mais na feira. Eu aprendi a arrumar a barraca, a lidar com o dinheiro e a auxiliar meus pais nas vendas. Foi uma verdadeira escola prática de empreendedorismo, em que também desenvolvi habilidades interpessoais valiosas. Além disso, a feira me proporcionou um contato direto com diversas culturas. Conversei com pessoas de diferentes origens, ouvi suas histórias e aprendi sobre suas culinárias e costumes. Essa experiência ampliou minha visão de mundo, despertando em mim um profundo interesse por novas culturas.

A feira também me ensinou sobre a importância da comunidade. Conheci muitas pessoas da vizinhança que frequentavam a feira regularmente e estabeleci laços de amizade com outros feirantes.

Hoje, mesmo que eu não esteja mais envolvida diretamente na feira, carrego comigo os valores e ensinamentos que adquiri lá. Seja no trabalho, nos estudos ou nas relações pessoais, sempre busco me dedicar com empenho, valorizar a diversidade e contribuir para a comunidade da qual faço parte.

A feira se tornou uma parte integral da minha identidade e moldou minha visão de mundo. Sou grata por ter tido a oportunidade de crescer nesse ambiente e levar adiante os ensinamentos que aqui adquiri.

Minha formação

Eu sempre estudei na Escola Municipal Engenheiro Bernado Sayão do povoado. Entrei nessa escola com apenas 4 anos de idade. Ao longo dos anos, construí minha trajetória educacional nesse lugar especial, até concluir meus estudos do ensino médio aos 16 anos de idade.

Quando concluí o ensino médio, eu me vi diante de três opções de carreira que eu poderia escolher: Educação Física, Veterinária ou Matemática. Logo de cara, me encantei com a área esportiva e decidi seguir o caminho da Educação Física. Sempre amei esportes, especialmente o futebol, desde pequena.

No entanto, a realidade acabou se mostrando um pouco diferente. Infelizmente, a universidade pública mais próxima do meu povoado não oferecia o curso de Educação Física, apenas as instituições particulares. Naquele momento, meus pais não tinham condições financeiras para arcar com os custos do curso particular.

Foi uma decisão difícil, mas precisei descartar essa primeira opção.

A segunda opção que considerei foi o curso de Medicina Veterinária, pois sempre tive um amor especial pelos animais. Naquela época, tive uma professora que estava cursando essa área e ela sempre me falava coisas maravilhosas sobre esse curso, o que me fez ficar cada vez mais encantada pela possibilidade de me formar nessa área.

Infelizmente, mais uma vez, minha jornada não ocorreu como o esperado. Como no meu povoado não tinha acesso à internet naquela época, precisei me deslocar para a cidade para fazer minha inscrição no vestibular. A moça da *lan house* que paguei para realizar minha inscrição cometeu um erro nos dados. Ela me inscreveu como pessoa indígena, algo que só descobri depois que o período de inscrições já havia encerrado. Tentei diversas maneiras pagar meu boleto, mas não consegui.

Isso me fez tomar a difícil decisão de esperar pelo vestibular do meio do ano, para tentar ingressar na universidade. Foi um período de ansiedade e frustração, mas mantive minha esperança de alcançar meu sonho de estudar Medicina Veterinária.

Quando abriram as inscrições do vestibular na federal em junho de 2010, fiquei em uma encruzilhada: deveria escolher entre Medicina Veterinária, já que sempre fui apaixonada pelos animais, e Matemática, pois os números sempre me encantaram. Porém, pensei na minha realidade e percebi que, se optasse por Matemática, teria que estudar à noite, o que seria impossível para mim, pois não tinha condições de ir à faculdade. Decidi, então, me inscrever para Veterinária, com a possibilidade de tentar Matemática no final do ano, caso não conseguisse. Foi uma decisão difícil, mas precisava considerar todos os aspectos da minha vida.

Foi um momento desafiador quando não fui aprovada no primeiro vestibular para Medicina Veterinária, mas decidi não desistir. No final do ano, resolvi arriscar novamente, mas dessa vez para Licenciatura em Matemática. Consegui passar direto e a minha alegria foi imensa. Sabia que estava dando continuidade aos meus estudos e trilhando um caminho que me inspirava.

Ingressei na UFT por meio do vestibular da Copese 2011.01, e foi uma experiência desafiadora. No começo, tudo era tão novo para mim!... Os professores só davam aulas uma vez por semana e os conteúdos eram bastante complexos. Eu precisava estar bem preparada com relação aos conceitos básicos da Matemática para conseguir acompanhar tudo o que estava sendo ensinado.

Foi necessário criar uma organização para dar conta de tudo. Eu montei meus horários de estudo para cada disciplina diariamente e reservei mais 3 horas por dia para as matérias mais difíceis. Estava determinada a compreender o conteúdo, então refazia os exercícios várias vezes.

No terceiro período, aconteceu algo que me marcou profundamente na disciplina pedagógica Didática da Matemática. A professora solicitou que todos se apresentassem, mencionando a escola ou estado de onde tínhamos vindo. A maioria dos alunos era das cidades vizinhas, mas havia apenas alguns poucos alunos que eram de outros estados.

Quando chegou a minha vez, eu estava bem perto da professora, compartilhei que morava em um povoado e mencionei o nome da minha escola. No entanto, alguns começaram a rir e a perguntar se o meu povoado tinha energia elétrica, se tinha praça e se todos estudavam juntos na mesma sala. Eu fiquei tão constrangida e atordoada que nem consegui falar nada.

Porém, a professora agiu prontamente e gentilmente pediu que todos ficassem em silêncio. Então, ela começou a explicar como é a vida de uma pessoa que mora em um povoado. Para finalizar, ela compartilhou que estava fazendo doutorado e sua tese envolvia pesquisas em povoados. Ela me deu um abraço e me disse que eu sempre poderia contar com ela.

A cada período, era uma nova jornada cheia de desafios, mas eu sabia exatamente aonde eu queria chegar. Em nenhum momento, passou pela minha mente desistir e, a cada obstáculo, encontrava soluções.

A biblioteca se tornou meu refúgio durante todo esse processo de formação. Estudava lá sozinha ou em grupo, mas sempre encontrava maneiras de melhorar meus conhecimentos. E, então, finalmente, no dia 02 de agosto de 2016, tive a honra de me graduar na universidade e receber meu diploma com um imenso orgulho. Apenas duas semanas depois, já estava com um contrato assinado na rede estadual, assumindo um cargo como professora de Matemática com 40 horas semanais.

Uma das lições mais valiosas que trago comigo para toda a minha vida é que vou compartilhar agora com você: não importa quantas pessoas riam de você, sempre existirá alguém disposto a estender a mão e ajudá-lo a realizar seus sonhos.

O que me levou estudar mercado de investimento?

No ano de 2020, pouquinho antes de toda a situação complicada da pandemia, eu me vi em uma situação difícil com meu salário de professora. Naquela época, eu precisava ajudar meus pais com algumas despesas e ainda estava pagando a faculdade de Direito da minha irmã. Como uma pessoa que ama viajar e aproveitar os finais de semana, foi difícil ver que meu salário não me permitia desfrutar dessas coisas que tanto adorava.

Decidi começar a buscar maneiras de ganhar um dinheiro extra e, naturalmente, minha busca começou na internet. Entre tantas opções, algo que me chamou bastante atenção foi o mercado esportivo. Confesso que a empolgação tomou conta de mim. Comecei a pesquisar e encontrei diversos grupos no aplicativo Telegram relacionados a esse assunto. Durante aproximadamente 4 meses, acompanhei de perto esses grupos. Acreditava que ali encontraria dicas valiosas e quem sabe até conseguiria obter bons resultados para mim.

Porém, infelizmente, a realidade foi outra. Os resultados não foram tão positivos quanto eu esperava. Além disso, havia outro fator que também influenciava: durante o dia, eu estava ocupada lecionando na escola e só tinha disponibilidade à noite.

Em alguns desses grupos, descobri que havia mentorias que ensinavam estratégias para as pessoas conquistarem sua independência financeira e ganharem uma renda extra de acordo com seu próprio tempo. Foi ali que encontrei uma oportunidade maravilhosa de adquirir conhecimento e colocá-lo em prática durante meu tempo livre.

No mês de julho, durante minhas férias da escola, decidi embarcar na minha primeira mentoria. Sentia que tinha tempo suficiente para aprender e colocar em prática os ensinamentos. Foi uma experiência empolgante e, embora tenha me dado uma base sólida sobre como o mercado funcionava, percebi que precisava buscar mais conhecimento para aprimorar minhas habilidades. Decidi então seguir em frente e participar de outras mentorias, buscando sempre aprender e crescer na minha jornada rumo à renda extra.

Eu me empenhei ao máximo nos meus estudos, dedicando todos os meus fins de semana para me aprimorar. Passei um ano inteiro mergulhada nesse processo e consegui criar minhas próprias estratégias ao observar alguns fatores que têm um impacto direto nos nossos ganhos. Também identifiquei erros comuns que podem afetar significativamente os seus investimentos.

Os erros mais comuns identificados foram:

1. Falta de conhecimento: muitas vezes, aventuramo-nos no mundo dos investimentos sem realmente entendermos tudo sobre a área em que estamos colocando nosso dinheiro. É essencial termos um conhecimento adequado sobre as estatísticas, as tendências do mercado e outros aspectos relevantes. Sem esse conhecimento, é difícil tomar decisões acertadas e aumentarmos as chances de sucesso.

2. Falta de controle emocional: o mercado financeiro pode ser bastante imprevisível e é importante saber lidar com as emoções envolvidas. Muitas pessoas se deixam levar pela empolgação após um ganho ou pela frustração após uma perda, o que pode levar a decisões impulsivas e prejudiciais para o sucesso a longo prazo.

3. Falta de estratégia: operar em qualquer investimento sem uma estratégia bem definida é um grande erro. É necessário analisar com critério os mercados disponíveis, identificar as melhores oportunidades e estabelecer um plano de ação claro. Agir de forma aleatória, sem um objetivo específico, dificilmente trará resultados positivos.

Para garantir uma renda extra por meio de seus próprios esforços, é realmente importante dedicar tempo e energia para se capacitar e desenvolver uma estratégia sólida, embasada em dados e análises. Além disso, é fundamental ser consistente na execução dessa estratégia. Não se esqueça de que a perseverança e o aprendizado constante são essenciais nesse processo.

Entenda que você tem o poder de conquistar sua renda extra. Basta ter confiança em si mesmo ao embarcar na jornada.

Quais são os três pilares básico para o mercado de investimento?

1. Conhecimento: é superimportante conhecer bem o mercado em que você está investindo. Isso inclui saber estatísticas e tendências do mercado. Quanto mais você se familiarizar com o ambiente, mais preparado estará para tomar as melhores decisões possíveis.

2. Disciplina: a disciplina nos ajuda a manter o foco e a tomar decisões mais conscientes e embasadas. Dessa forma, ficamos menos propensos a agir impulsivamente, baseados no calor do momento. Ao ser disciplinado, mantemos o controle e a calma, mesmo diante de oscilações do mercado, o que nos possibilita tomar decisões mais racionais.

3. Gerenciamento de risco: estabelecer limites financeiros para seus investimentos, cuidar do seu dinheiro disponível para investir de forma responsável e adotar estratégias que minimizem as perdas são pontos importantes para proteger seu investimento e aumentar suas chances de lucro a longo prazo.

Esses são os pilares básicos para construir uma base sólida para seus investimentos.

Para obter sucesso no mercado de investimento, é essencial adquirir conhecimento, controlar as emoções, gerenciar corretamente o dinheiro e adotar uma estratégia bem definida. Com disciplina, paciência e perseverança, é possível superar os desafios e alcançar os objetivos desejados.

Não importa a sua origem ou onde você foi criado, sempre vai existir alguém disposto a apoiá-lo no caminho para alcançar seus sonhos.

Aline Sousa

ANGELA GOMES

Sou Angela Gomes, filha amada de Deus e apaixonada por Jesus, nascida e criada em São Paulo.

Filha de Dona Mãe Terezinha Gomes e José Ribeiro, irmã de duas mulheres incríveis, tive a alegria de me tornar tia do Léo e da Isabella.

Empresária, formada em Marketing, com certificações em Inteligência Emocional e me especializando em Teologia, sou uma mulher dedicada ao crescimento profissional, pessoal e espiritual.

Ao longo da minha jornada, tive a oportunidade de contribuir com pessoas e grandes empresas, fornecendo soluções inovadoras na área promocional, o que resultou em milhões em vendas.

Encontrei força na fé para superar desafios e hoje dedico minha vida a ajudar pessoas por meio da minha história, mostrando que é possível superar qualquer desafio com a fé.

angelgomes

+55 (11) 94085-2303

Angela Gomes

contato@angelaoficial.com.br

angelaoficial.com.br

OS SEGREDOS DA ALTA PERFORMANCE

02 DA ESCURIDÃO À LUZ: UMA JORNADA DE FÉ E AUTOCONHECIMENTO

Por Angela Gomes

No ponto mais escuro da minha vida, em que a esperança parecia uma memória distante, descobri que, mesmo na mais profunda escuridão, uma centelha de fé pode iluminar o caminho para a transformação e a alta performance.

Minha jornada para a alta performance começou no meu ponto mais baixo.

Sentindo-me perdida, sem esperança e sem propósito, questionei tudo em minha vida. Mas foi exatamente nesse momento de vulnerabilidade que percebi a importância de acreditar em algo maior.

"E conhecereis a verdade, e a verdade vos libertará." (João 8:32)

Minha jornada começa em um lar abençoado, onde os valores cristãos eram mais do que ensinamentos, eram a essência da nossa família.

Desde pequena, minha mãe plantava em meu coração o amor por Jesus e a fé em um futuro próspero e feliz. Como toda garota, eu sonhava com um conto de fadas moderno: casamento, filhos, viagens e muita felicidade. Guardava cada moedinha como um tesouro, sonhando com o dia em que viveria minha própria história de princesa.

Meu pai, um comerciante habilidoso, era minha inspiração. Acompanhá-lo no trabalho era uma aventura encantadora, especialmente quando ajudava a atender os clientes.

Essa parceria familiar não apenas fortaleceu nossos laços, mas também me ensinou a valorizar o trabalho árduo e a dedicação ao próximo.

No entanto, ao observar minhas amigas embarcando no mundo do trabalho tradicional, senti o mesmo desejo dentro de mim. Eu queria conquistar minha independência financeira, queria construir meu próprio caminho e realizar meus sonhos. Mesmo que isso significasse afastar-me temporariamente do aconchego do lar.

Aos 16 anos, uma oportunidade empolgante cruzou meu caminho: uma empresa de cartões de desconto estava recrutando vendedores. Empolgada com a ideia de trabalhar, mergulhei de cabeça.

O treinamento básico foi como abrir uma porta para um novo mundo de possibilidades, e rapidamente encontrei-me envolvida na arte de vender cartões para amigos e conhecidos.

Apesar da empolgação inicial, logo percebi que aquilo não preenchia o vazio em meu coração, ainda não era o que eu buscava, ainda não era o meu propósito. Assim, voltei para o seio familiar, determinada a encontrar o meu verdadeiro caminho, enquanto continuava a colaborar com minha mãe na loja de doces e salgados que ela tinha à época.

Após minha breve experiência como vendedora de cartões de desconto, surgiu uma nova oportunidade: trabalhar como divulgadora em um *shopping* de atacado no Brás, em São Paulo.

Minha missão era clara: receber os clientes que chegavam de outras cidades e guiá-los através das vastas opções de compras que o *shopping* oferecia.

Entre idas e vindas pelos arredores do *shopping*, eu me via imersa em uma jornada de descobertas, apresentando cada cantinho do *shopping* e incentivando os clientes a explorarem até o último andar. A alegria de ver a empolgação nos olhos dos clientes era a minha maior recompensa, e cada sorriso conquistado era uma vitória pessoal.

Porém, como muitas coisas na vida, essa experiência teve um fim abrupto. Após três meses de dedicação, eu e minhas colegas fomos dispensadas.

Mas, como sempre, encontrei conforto e apoio junto à minha família, voltei a colaborar na loja de minha mãe e a buscar novos horizontes por meio das aulas de espanhol.

Meu desejo de trabalhar em ambientes ligados às pessoas continuava firme, e eu alimentava a esperança de encontrar o meu lugar no mundo profissional, onde pudesse colocar em prática minha paixão pelo contato humano e pela comunicação interpessoal.

Quando completei 19 anos, prestes a concluir meu curso de espanhol, uma oportunidade de trabalho temporário na área de produção de uma empresa de brindes promocionais surgiu por intermédio de uma amiga.

Embora não estivesse exatamente alinhada com meus planos futuros, agarrei-a com determinação, ansiosa por ganhar dinheiro e conquistar minha independência financeira. Era uma chance de realizar meus sonhos, mesmo que em um contexto diferente do imaginado.

Minha dedicação e empenho eram características marcantes em tudo que fazia, e esse novo trabalho não foi exceção. Mesmo distante do cenário profissional ideal que almejava, mergulhei de cabeça, comprometida em dar o meu melhor.

Logo, um romance no ambiente de trabalho surgiu, trazendo um brilho de conto de fadas à minha vida.

Entretanto, após alguns anos juntos, o relacionamento chegou ao fim, deixando um vazio doloroso em meu coração. Mesmo diante dessa tristeza, concentrei-me em avançar profissionalmente. Percorri diferentes áreas na empresa, desde o almoxarifado até o pós-vendas e o atendimento ao cliente, voltando ao que mais me realizava: trabalhar com pessoas.

Apesar do amor pelo trabalho, enfrentei desafios significativos, especialmente em minha relação com uma colega de equipe. A situação tornou-se tão desgastante que, em um momento de desespero, senti vontade de desistir, mas, com o apoio da minha mãe, continuei.

Continuei, mas não por muito tempo. Logo, essa colega de equipe se tornou a líder do departamento e me demitiu.

Foi então que, em meio às lágrimas e às preces, fiz um pedido para Deus: se Ele me desse a oportunidade de retornar à empresa que tanto amava, eu frequentaria assiduamente as reuniões de jovens da igreja até o dia do meu casamento, como forma de gratidão.

Parecia algo impossível de acontecer, mas, como para Deus nada é impossível, aconteceu!

No dia seguinte, recebi uma ligação do departamento de recursos humanos, seguida por um convite do próprio dono da empresa para retornar ao trabalho.

Era uma segunda chance, com a condição de provar minhas habilidades profissionais no período de uma semana, pois a líder que me demitiu tinha sido demitida.

Esse período se tornou um marco em minha jornada, em que dei o meu melhor para organizar o setor de atendimento ao cliente. O que para alguns, poderia parecer uma tarefa árdua, para mim, era uma fonte de gratificação. Eu adorava resolver problemas, atender às necessidades dos clientes e contribuir para o sucesso da empresa. Aquilo que muitos considerariam um simples trabalho administrativo transformou-se em uma fonte de satisfação e realização pessoal para mim. Cada dia era uma oportunidade de demonstrar minha gratidão a Deus, cumprindo a promessa que havia feito e demonstrando minha fé na sua providência.

Após alguns anos dedicados ao departamento de atendimento ao cliente e pós-vendas, uma nova oportunidade surgiu na administração de vendas, onde passei a prestar assistência exclusiva à melhor vendedora da empresa.

Apesar do intenso trabalho, cada dia era repleto de aprendizado e satisfação. Eu admirava profundamente sua habilidade em lidar com os clientes e ter o seu próprio escritório particular.

Após um período como sua assistente, decidi seguir seus passos, tornando-me uma representante comercial e conquistando meu próprio espaço. Com muita dedicação e esforço, logo me vi entre as melhores vendedoras, realizando sonhos e alcançando metas.

No entanto, enquanto minha vida profissional florescia, outras áreas da minha vida permaneciam negligenciadas.

Embora cumprisse meu voto de frequentar a igreja aos domingos, percebia um vazio crescente dentro de mim. Buscava incessantemente uma felicidade que parecia sempre escapar, muitas vezes, me agarrando ao passado em busca de conforto.

Festas e baladas tornaram-se um refúgio ilusório, deixando-me ainda mais vazia. Perdi pessoas preciosas e permiti a entrada de pessoas tóxicas em minha vida, causando mágoas e frustrações.

Em meio a lágrimas e questionamentos, buscava respostas em Deus, ansiando pela tão sonhada felicidade verdadeira.

Naquele momento singular, enquanto viajava com uma amiga, deparei-me, por meio do Instagram, com imagens de outra amiga imersa em uma conferência espiritual vibrante. As luzes, a multidão, o espetáculo de louvores e pregações capturaram minha atenção de tal maneira que, apesar da maravilha da viagem em que me encontrava, senti um desejo avassalador de estar lá.

Ansiava por uma conexão mais profunda com Deus, por experimentar aquela atmosfera de fé e transformação. Foi nesse instante que percebi: minha jornada rumo à alta performance e ao reencontro com Deus estava prestes a recomeçar.

No auge da minha carreira, tendo sido premiada como a número 01 em vendas de final ano e com uma determinação de tornar o próximo ano ainda melhor, tanto na carreira quanto na vida espiritual, reencontrei um amor do passado, na esperança de que, desta vez, concretizaria o sonho do "felizes para sempre". Contudo, o que se seguiu foi um período de dor intensa e de término ainda mais amargo que o anterior, mergulhando minha vida em caos.

Minha vida virou de cabeça para baixo. A dor era tão intensa que questionei minha vontade de continuar vivendo. A pandemia só veio agravar minha angústia, deixando-me isolada com meus pensamentos torturantes, crises de pânico, anemia, depressão e ansiedade.

As dificuldades financeiras, decorrentes de investimentos malsucedidos, pareciam selar meu destino ao fundo do poço.

Em meio ao desespero, sem ver saída, clamei a Deus por ajuda, iniciando minha verdadeira jornada de transformação e alta performance.

"Buscai primeiro o seu reino e a sua justiça, e todas estas coisas vos serão acrescentadas." (Mateus 6:33)

Lembrando-me dos tempos de infância e juventude, da intimidade com Deus que me preenchia de felicidade, percebi que havia me perdido ao buscar satisfação longe d'Ele. Por meio da oração e da busca por uma relação mais profunda com Deus, comecei a emergir do abismo, ancorada na fé que sempre tive. Deus, em Sua imensa bondade, começou a restaurar minha vida, guiando-me e trazendo pessoas que serviram como instrumentos na minha recuperação.

Com Deus como minha prioridade, mergulhei no estudo da Bíblia, redescobrindo um amor por Jesus que me motivava a conhecer mais sobre Ele e a fortalecer minha fé. Foi nessa busca que percebi a verdadeira felicidade que somente Deus pode oferecer. O Pai me transformou, trazendo paz ao meu coração, e me mostrou que é capaz de mudar qualquer situação.

Nesse processo de cura e redescoberta, a inteligência emocional surgiu como um novo campo de exploração. Ao me aprofundar nesse conhecimento, entendi as razões que me levaram ao fundo do poço e reconheci minha responsabilidade em superar essa fase. A espiritualidade e a inteligência emocional, juntas, formaram a base para minha recuperação e redescoberta da minha verdadeira identidade.

Hoje, entendo a importância de equilibrar todos os aspectos da vida, desde a saúde até as finanças, passando pelo emocional e o espiritual. Cada pilar da vida é fundamental e merece atenção cuidadosa para alcançar um estado de alta performance sustentável e feliz.

Deus me mostrou que, independentemente do que enfrentamos, Ele tem o poder de transformar nossas vidas, de nos dar uma nova história repleta de paz, felicidade e amor. Minha jornada é um testemunho da fidelidade de Deus e de como a fé pode nos elevar além das circunstâncias, guiando-nos a uma vida de propósito e realização plena.

Estou motivada a dividir minha experiência, incentivando você a buscar uma relação profunda com Deus e a fortalecer sua fé, confiante de que suas orações, alinhadas à vontade de Deus, serão atendidas.

Durante um período desafiador, marcado por tristeza, anemia e pânico, clamei a Deus por um sinal de Sua presença em minha vida. Desafiei-me a pedir algo audacioso: a conclusão de uma negociação quase inalcançável, valendo quase um milhão de reais, com um grande banco. Apesar das circunstâncias desfavoráveis, sabia que, para Deus, nada é impossível.

Ajoelhada em meu quarto, orei fervorosamente e, ao abrir a Bíblia, deparei-me com a passagem de Isaías 42:2-8, sentindo uma resposta direta às minhas orações. Enquanto orava, repleta de fé e gratidão, ouvi o som de uma notificação de e-mail em meu celular — algo que normalmente evito durante a oração.

Para minha surpresa, era a confirmação da negociação com o banco, fechando o acordo de quase um milhão de reais. Esse momento foi decisivo, reafirmando não apenas minha conexão restaurada com Deus, mas também Sua ativa presença em minha vida. Comprometi-me, então, a jamais perder essa conexão íntima com Deus.

A cura que experimentei por meio de Sua bondade transformou profundamente minha existência, infundindo-me com um renovado propósito de vida e uma direção mais clara. Essa transformação foi o alicerce da minha jornada de superação, que me conduziu do mais profundo abismo à realização de uma vida de alta performance, alcançada com leveza e um entendimento profundo sobre o que realmente importa.

Ao longo desse caminho, confrontei a dura realidade de que a excelência profissional por si só é insuficiente se não compreendemos e gerimos bem nossas finanças pessoais. Essa lacuna de conhecimento resultou em perdas significativas e serviu como um despertar crítico para a necessidade de uma abordagem holística à vida. Aprendi que a verdadeira alta performance transcende o sucesso profissional e financeiro, abraçando a saúde física e mental, a estabilidade emocional e o compromisso de contribuir positivamente para a vida dos outros.

Com essa compreensão, percebi que cuidar de nossa saúde, buscar o equilíbrio emocional e estender a mão para ajudar os outros não são apenas ações louváveis, mas também os pilares que nos conectam mais profundamente com Deus. Esses pilares não apenas nos sustentam em nossa busca por uma vida significativa e plena, mas também nos alinham mais estreitamente com nossos princípios e valores.

Essa jornada de transformação me ensinou que a alta performance verdadeira é composta por pilares importantes e necessita de compromisso e atenção em todas as áreas da vida. Ao equilibrar esses aspectos fundamentais, não só alcançamos o sucesso em nossos empreendimentos, mas também cultivamos uma existência rica em propósito e paz.

"...eu vim para que tenham vida e a tenham em abundância." (João 10:10)

Os pilares essenciais para uma vida equilibrada são: **espiritual, familiar, conjugal, filhos, social/lazer, saúde, serviço, intelectual, financeiro, profissional e emocional.** Esse conjunto é conhecido como Roda da Vida.

I) Tríade pessoal:

Intelectual: envolve o crescimento pessoal por meio da aquisição de novos conhecimentos, experiências e habilidades. Incentiva a participação em cursos e a busca por desafios que promovam a evolução intelectual e emocional.

Saúde: foca no cuidado com o bem-estar físico, emocional e mental, essencial para manter a energia e motivação necessárias para enfrentar o dia a dia.

Emocional: refere-se à capacidade de gerenciar emoções frente a desafios e conflitos, promovendo decisões equilibradas e mantendo a saúde mental.

II) Tríade profissional:

Financeiro: a satisfação com a situação financeira atual, a gestão eficaz de recursos e a capacidade de sustentar um estilo de vida desejável.

Servir: impacto das ações individuais na sociedade, seja por meio de trabalho voluntário, projetos sociais ou contribuições profissionais que visam melhorar o mundo.

Profissional: satisfação e crescimento profissional, considerando o alinhamento entre o trabalho atual e os objetivos de longo prazo, bem como o desenvolvimento de habilidades para o avanço na carreira.

III) Tríade da qualidade de vida:

Lazer: tempo para atividades que proporcionam relaxamento e prazer, mantendo um equilíbrio saudável entre trabalho e lazer.

Espiritualidade: a prática da fé, como orações, meditação, estudos bíblicos e participação em comunidade cristã.

IV) Tríade dos relacionamentos:

Filhos: interações com os filhos, educação, desenvolvimento emocional e fortalecimento dos laços familiares.

Conjugal: saúde do relacionamento amoroso, considerando a comunicação, o respeito mútuo, o apoio e o crescimento conjunto, além da capacidade de manter uma conexão profunda e significativa com o(a) parceiro(a).

Parentes: relações com parentes e a influência desses laços no desenvolvimento pessoal, na formação de valores e na percepção de apoio e pertencimento.

Ao refletir sobre minha Roda da Vida, compreendi que o equilíbrio emocional é o alicerce sobre o qual todas as demais dimensões da vida se apoiam. É por meio desse equilíbrio que enfrentamos com tranquilidade os obstáculos do dia a dia, cultivamos relacionamentos saudáveis, alcançamos o sucesso profissional e zelamos pelo nosso bem-estar físico e mental.

Contudo, manter-se equilibrado emocionalmente é uma tarefa que exige dedicação constante.

A inteligência emocional envolve o reconhecimento, a compreensão e o gerenciamento de nossas emoções. No processo de aprimorar minha inteligência emocional, adquiri habilidades cruciais para superar o estresse, a ansiedade e os reveses da vida. Aprendi a expressar minhas necessidades, a solucionar conflitos de maneira construtiva e a manter uma perspectiva positiva diante dos desafios. Essas habilidades enriqueceram meus relacionamentos e aprimoraram meu autocuidado em todas as frentes.

No entanto, foi a fusão dessa jornada com minha fé que desencadeou uma transformação verdadeiramente revolucionária. Minha conexão espiritual sempre foi intensa e, ao aliar minha fé ao desenvolvimento da inteligência emocional, descobri uma fonte inesgotável de força e orientação. Entregar minhas inquietações e temores a Deus trouxe paz e segurança que transcendem o entendimento humano. A fé me armou com coragem e determinação para encarar os desafios de cabeça erguida, confiante na presença constante de Deus ao meu lado.

Portanto, a integração da espiritualidade com o desenvolvimento emocional e a busca pelo equilíbrio me conduziu a uma metamorfose abrangente, impactando positivamente todas as áreas da minha vida. Essa sinergia me proporcionou um sentido de propósito e direção, impulsionando-me a novos patamares de êxito e satisfação.

Alcançar o equilíbrio emocional nos capacita a enfrentar as oscilações da vida de forma saudável e eficaz. Da mesma forma que cada segmento da Roda da Vida demanda nossa atenção e dedicação, a saúde emocional requer um comprometimento persistente. Ao nutrirmos esse equilíbrio, estabelecemos um alicerce robusto para uma existência rica e plena, permitindo-nos prosperar em todos os aspectos da vida.

Independentemente do que tenha enfrentado ou esteja enfrentando, Deus pode apagar seu passado, mudar seu ambiente e escrever uma nova história, **basta você tomar uma decisão!**

Ao percorrer as páginas deste capítulo, vimos um caminho transformado pela fé e marcado pelo profundo autoconhecimento. Agora, ao nos aproximarmos do término desta viagem reveladora, convido você a trilhar essa estrada de descoberta pessoal e espiritual.

Que este seja apenas o início de uma busca incessante pelo fortalecimento da sua fé e pelo aprofundamento do seu entendimento sobre si mesmo.

Cada desafio é uma oportunidade de crescimento e cada momento de dúvida é uma chance para reforçar nossa conexão com Deus. Encorajo você a levar consigo as lições aprendidas e a aplicá-las na construção de uma vida plena de significado, orientada pela fé e pelo poder transformador do autoconhecimento.

A fé é a luz que nunca se apaga, guiando-nos a uma vida de excelência e propósito!

Angela Gomes

BRÍNDILLA VENTURA

Realizadora, empreendedora e persistente, aos 31 anos, trilho uma trajetória marcada por realizações. Sou graduada em Contabilidade, advogada, pós-graduada, empreendedora e presidente do Instituto Amor de Mãe. Originária de uma família humilde, tornei-me uma empreendedora destacada na advocacia, atendendo clientes em diversos estados.

De uma jovem tímida, insegura e perdida, transformei-me em uma líder determinada. Guiada pela busca constante por autoconhecimento, realinhei meu crescimento nos âmbitos espiritual, profissional e pessoal. Ajustar os desafios diários ao propósito de vida tornou-se minha prioridade.

Posso afirmar que apenas os fiéis a si mesmos alcançam seus objetivos. Essa jornada, marcada por sonhos concretizados, é um testemunho de dedicação e autenticidade.

brindillaventura
+55 (63) 99231-5015
www.brindillaventura.com/
brindillaventura@gmail.com

03

CURA EMOCIONAL: UMA JORNADA DE TRANSFORMAÇÃO

Por Bríndilla Ventura

Nasci em um lar humilde, onde os sonhos de meus pais giravam em torno de proporcionar uma vida digna para mim e meu irmão. A vitória deles veio por meio de árduo trabalho, enfrentando sol e chuva, de domingo a domingo, pois a oportunidade de concluir os estudos lhes foi negada. Meu pai, mecânico de máquinas pesadas, e minha mãe, dedicada ao lar, eram exemplos de determinação.

Você pode estar se perguntando por que trago uma história de mais de cinquenta anos atrás para este capítulo. A resposta é simples: 30 anos da minha vida foram profundamente impactados por essa história, e explicarei o porquê.

1. Influência profunda: os pais dos meus pais na minha vida

Cresci em um lar onde meus pais se dedicavam ao trabalho, temendo passar por privações. Embora não tivéssemos luxos, recebemos o essencial: educação, conforto e cuidados. No entanto, o ambiente familiar era marcado por discussões, indiferenças, agressões físicas e verbais e ausência de afeto.

As dificuldades enfrentadas por meus pais em suas infâncias, refletiam-se em sua maneira de lidar com a vida. Falharam em receber o amor, cuidado, carinho e atenção necessários de suas próprias famílias, sendo vítimas de violência física e emocional. A infância deles foi roubada por trabalhos árduos e punições severas.

Minhas memórias de infância são escassas, frutos de questionamentos feitos aos meus pais. O resultado? Uma infância solitária, carente de afeto, amor, carinho e palavras de afirmação, não só de meus pais, mas também entre eles. Ensinaram-me que datas comemorativas como aniversários, Dia das Mães ou dos Pais, Natal, eram "normais" e não mereciam destaque.

Apesar de ter recebido uma excelente educação em escola pública e começado a trabalhar aos 16 anos para buscar independência financeira, meus pais se esforçaram para pagar minhas graduações e pós-graduação em uma faculdade particular. A mensagem era clara: poderia acontecer o que fosse, mas teriam uma filha formada, pois era a única coisa valorosa que podiam oferecer à época.

2. Raízes de rejeição e seus reflexos na vida adulta

Meus pais não perceberam que a falta de gestos de amor, segurança e carinho, somada às experiências da infância, resultaria em memórias e sentimentos de rejeição na vida adulta. Descobri, gradualmente, que as crenças negativas adquiridas na infância podem ter impactos significativos na vida adulta.

Essas crenças, moldadas por experiências traumáticas, críticas constantes ou desafios na infância, podem influenciar a autoimagem, os relacionamentos e a perspectiva de mundo. Os efeitos incluem baixa autoestima, dificuldades para ter relacionamentos saudáveis, perfeccionismo, medo do fracasso, problemas emocionais, autossabotagem e pensamento negativo automático.

Apesar de ser uma filha obediente, esforçada, estudiosa e responsável, esses sentimentos me levaram a um estado de desânimo, depressão, tristeza, procrastinação, vitimismo, pessimismo, crises de pânico e ansiedade, causando prejuízos em várias áreas da minha vida.

Eu não me conhecia verdadeiramente, desconhecendo a real essência por trás das circunstâncias. Diversas situações evidenciaram minha falta de inteligência emocional para lidar com desafios e pessoas.

No início de 2022, fui diagnosticada com câncer maligno de tireoide, o que adicionou mais uma camada de dor à minha jornada. A cirurgia trouxe a cura física e a demonstração do cuidado amoroso de Deus, mas a cura emocional continuou sendo um processo.

Descobri, aos poucos, que as crenças negativas adquiridas na minha infância impactaram significativamente na minha vida adulta. Aqui estão alguns dos efeitos possíveis desses impactos:

1. **Baixa autoestima:** crenças negativas sobre si mesmo adquiridas na infância podem resultar em uma autoimagem negativa. Adultos podem desenvolver uma falta de confiança em suas habilidades e constantemente duvidar de suas capacidades.
2. **Padrões de relacionamento:** crenças negativas sobre relacionamentos podem levar a dificuldades para a formação e a manutenção de relações saudáveis. Isso pode incluir dificuldades em confiar nos outros ou a propensão a entrar em relacionamentos prejudiciais.
3. **Perfeccionismo:** se uma criança foi constantemente pressionada a atingir padrões irreais na infância, isso pode se manifestar na vida adulta como perfeccionismo. Os adultos podem ter dificuldade para aceitar imperfeições em si mesmos ou nos outros, o que pode levar a altos níveis de estresse e ansiedade.
4. **Medo do fracasso:** crenças negativas relacionadas ao fracasso na infância podem resultar em um medo persistente de falhar na vida adulta. Isso pode levar à procrastinação, evitação de desafios e oportunidades, e uma constante busca por validação externa.
5. **Dificuldades emocionais:** crenças negativas podem contribuir para problemas emocionais, como ansiedade, depressão, raiva ou baixa tolerância ao estresse. As experiências negativas na infância podem moldar a forma como os adultos lidam com suas emoções ao longo da vida.
6. **Autossabotagem:** adultos que internalizaram crenças negativas podem se envolver em comportamentos autossabotadores, prejudicando suas próprias chances de sucesso e felicidade.

7. **Pensamento negativo automático:** crenças negativas podem levar a um padrão de pensamento negativo automático, com o qual os adultos tendem a interpretar eventos de maneira pessimista e a ver o lado negativo em situações diversas.

A busca pela cura emocional tornou-se uma prioridade. Identificar e compreender as raízes da rejeição foi o primeiro passo. As influências inconscientes dos pais e as crenças negativas foram desveladas, permitindo-me reconstruir minha identidade.

A busca pela verdadeira identidade continua, guiada pela coragem, humildade e a responsabilidade de assumir o controle da minha própria vida.

Ao compartilhar minha história, almejo inspirar outros a abraçarem sua jornada de cura emocional, a reconhecerem suas raízes profundas e a trilharem o caminho do renascimento. Cada desafio superado é um passo em direção a uma vida mais autêntica, plena e alinhada com os verdadeiros propósitos.

3. Coragem, humildade e autorresponsabilidade: a jornada para a alta performance por meio da consciência

Foi necessário cultivar coragem, humildade e autorresponsabilidade para desenvolver a consciência que me impulsionou em direção à alta performance, transformando um estado atual frustrante em um estado desejado extraordinário. Esse percurso envolveu diversas etapas.

O primeiro e mais crucial passo foi dedicar-me à minha vida espiritual, buscando uma conexão diária com Deus. Nesse processo, por meio de orações constantes, busquei direção, sabedoria e cura emocional. Essa prática permitiu-me realinhar minha trajetória e enfrentar os desafios da seguinte forma:

3.1 – Reconhecendo o estado atual: uma jornada de autodescoberta

Até atingir os 30 anos, residindo confortavelmente na casa dos meus pais, deparei-me com uma mulher marcada pela insegurança, desconfiança, carência, vitimismo, amargura, baixa autoestima, incapaz de se sentir merecedora das melhores oportunidades. Além disso, ela carregava consigo traços de ciúmes, orgulho, comportamento antissocial, ela confusão e ansiedade. O propósito de vida parecia um mistério inatingível.

A busca incessante por reconhecimento profissional e perfeccionismo, visando preencher o vazio interior, tornou-se um ciclo de constante frustração. A incapacidade de atingir metas profissionais gerava crises recorrentes de choro, ansiedade e pânico. Era um ciclo vicioso, uma realidade que eu, equivocadamente, aceitava como normal.

Uma frase de destaque do livro *Poder e alta performance* de Paulo Vieira[1] chamou minha atenção, ao abordar como experiências fortes e repetitivas na infância podem influenciar padrões na vida adulta. **Essas experiências podem se tornar vícios, levando à atração e à repetição de circunstâncias e sentimentos semelhantes**.

A obra *A raiz de rejeição,* de Joyce Meyer[2], também trouxe à tona a compreensão das consequências da rejeição. O medo constante de ser rejeitado conduz a um perfeccionismo infrutífero, e a busca por validação se torna uma tentativa desesperada de compensação.

Em um dia comum, envolta por crises de ansiedade, deparei-me com a dolorosa realidade da minha vida pessoal, espiritual, familiar, sentimental, emocional, profissional e financeira. Em um estado de desânimo, solidão e tristeza, questionava minha situação e me sentia sobrecarregada por uma avalanche de emoções. Estava desconectada da espiritualidade e da busca por clareza e orientação.

A reflexão de Jeremias 29:13 – "Buscar-me-eis, e me achareis, quando me buscardes com todo o vosso coração" – ecoou em minha mente. Durante esse período de autoquestionamento, confrontei Deus: "Por que, mesmo sendo esforçada e determinada, não consigo alcançar meus objetivos? Por que minha vida profissional e financeira está em declínio? Por que as crises de ansiedade e pânico persistem?".

[1] VIEIRA, Paulo. *Poder e alta performance:* o manual prático para reprogramar seus hábitos e promover mudanças profundas em sua vida. São Paulo: Editora Gente, 2017.

[2] MEYER, Joyce. *A raiz de rejeição:* escapando da escravidão da rejeição e experimentando a liberdade da Aceitação de Deus. Tradução: Célia Regina Chazans Clavello. Belo Horizonte, MG: Ministério Joyce Meyer, 2006.

Presenciando as crises no casamento dos meus pais, vivenciava discórdias e atitudes que não refletiam meus valores. Desejava distanciar-me desses padrões negativos e curar-me de crenças limitantes, não só para meu benefício, mas também para quebrar o ciclo para as minhas futuras gerações.

Naquele momento de lágrimas e questionamentos, Deus sussurrou ao meu coração: "Saia da casa dos seus pais e busque um lugar de paz para se encontrar". Entretanto, a resposta imediata foi a crença na impossibilidade, reforçando a ideia da incapacidade de mudar minha própria realidade.

Identificar e conscientizar-se do estado atual nas áreas espiritual, conjugal, social, profissional, financeira e emocional é essencial. **A tomada de decisão é o próximo passo, pois somente aquilo que é reconhecido pode ser modificado**.

3.2 – Assumindo a autorresponsabilidade: o poder de moldar o próprio destino

Conforme destacado por Camila Vieira em seu livro *Viva a sua real identidade* (pág. 24), a compreensão do propósito de vida e a capacidade de vivê-lo passam necessariamente pela adoção da autorresponsabilidade como um princípio fundamental em nossa jornada.

Anteriormente, eu resistia à ideia de assumir a responsabilidade pela trajetória que estava percorrendo. Para mim, todos os desafios eram atribuídos ao meu passado, à influência dos meus pais e às ações de terceiros, como a pessoa que me enganou e levou uma considerável quantia que eu havia economizado durante anos. A culpa recaía sobre eventos externos, e eu evitava assumir minha própria responsabilidade.

Em consonância com as palavras de Paulo Vieira em *Poder e alta performance*[3], compreendi que sou a única responsável pela vida que conduzo. A qualidade das minhas ações, pensamentos e palavras moldou meu presente. Embora inicialmente desconfortável, aceitei a dura realidade de que fui eu quem guiou minha vida até o ponto em que ela se encontrava. Reconhecer essa verdade foi o primeiro passo para promover mudanças significativas.

[3] *Op. cit.*, 2017.

Mesmo enfrentando a hesitação de sair do conforto da casa dos meus pais, percebi que não havia outra opção, se desejava evoluir em todas as áreas da minha vida. Em minhas orações diárias, iniciei uma busca espiritual, pedindo a Deus um lar que proporcionasse conforto, segurança e se encaixasse em meu orçamento. Surpreendentemente, em poucos dias, encontrei um lugar que atendia a todos esses requisitos, transformando-se no meu lar, mesmo sendo uma casa alugada.

Insatisfeita com os resultados que obtinha, identifiquei e reconheci os pontos que precisavam de correção. Tomei a decisão de mudar, adotando uma postura autorresponsável, positiva e consciente para redirecionar-me em direção ao estado abundante e próspero que tanto almejava para minha vida.

Esse processo de autoavaliação e mudança tem sido fundamental para alcançar uma vida mais satisfatória e alinhada com meus objetivos, os quais me fizeram refletir da seguinte maneira:

1. A força da transformação pessoal

A jornada de autorresponsabilidade é uma poderosa ferramenta de transformação pessoal. Ao reconhecer que somos os arquitetos do nosso destino, ganhamos o poder de redefinir nossa narrativa e criar um futuro alinhado com nossos anseios.

2. A coragem de romper com o conhecido:

Deixar o conforto do conhecido pode ser assustador, mas é muitas vezes necessário para o crescimento. A coragem de enfrentar o desconhecido é um ato de autorresponsabilidade que pode abrir portas para novas oportunidades.

3. O papel da espiritualidade na mudança

A busca espiritual, como expressa nas preces diárias, destaca a importância de uma conexão mais profunda. A espiritualidade pode ser uma fonte de força e orientação ao embarcar na jornada de autorresponsabilidade.

4. A importância da autoavaliação contínua:

Identificar áreas que precisam de ajustes é uma prática constante. A autoavaliação contínua permite ajustes graduais, garantindo que estejamos sempre alinhados com nossos valores e objetivos.

5. A transformação como processo

A transformação não ocorre da noite para o dia. É um processo contínuo de autodescoberta, aprendizado e adaptação. Cada passo na jornada de autorresponsabilidade é uma contribuição valiosa para essa evolução.

3.3 – Abandonar a postura de vítima e procrastinação para assumir o controle da própria vida

Conforme enfatizado por Camila Vieira em Viva a sua real identidade (pág. 22)[4], assumir a responsabilidade pelos resultados pessoais implica transcender a posição de coitadinho ou vítima, posicionando-se como alguém pronto para agir de maneira certa e rápida.

Durante a transição para a nova vida e o novo lar, encontrava-me em um estado de descontentamento, sentindo-me uma vítima das circunstâncias, especialmente em relação à minha carreira como advogada. Os frutos insuficientes dessa profissão tornavam-se um fardo diante das novas responsabilidades.

Nesse momento, Deus enviou anjos em forma de influências positivas, incentivando-me a superar o medo do julgamento alheio. Decidi mudar não apenas de residência, mas também de área de atuação na advocacia, resultando na abertura de portas profissionais de maneira gradual e consistente.

Percebi que abandonar o vitimismo e buscar melhorias na vida demanda esforço consciente e uma postura proativa. Algumas estratégias que desempenharam um papel crucial nesse processo foram:

1. **Assumir a responsabilidade:** reconheça que você tem o poder de fazer escolhas e influenciar sua própria vida. Assumir a responsabilidade por suas ações e decisões é fundamental para sair do papel de vítima.

[4] *Op. cit.*, 2021.

2. **Desenvolver a autoconsciência:** esteja atenta(o) aos seus pensamentos e emoções. Identifique padrões de vitimismo e questione-os. Ao compreender melhor a si mesmo(a), você pode começar a mudar seus comportamentos e crenças.

3. **Mudar a narrativa interna:** substitua pensamentos negativos e autocomiseração por afirmações positivas e construtivas. Cultive uma mentalidade mais otimista e foque em soluções em vez de problemas.

4. **Estabelecer metas claras:** defina metas realistas e específicas para sua vida. Isso pode criar um senso de direção e propósito, motivando-o a agir de maneira mais positiva (fiz um plano de ação para cada área da vida, o que me trouxe clareza do caminho que devo percorrer para alcançar alguns objetivos).

5. **Dividir os desafios em etapas:** grandes objetivos podem parecer esmagadores. Divida-os em etapas menores e atingíveis. Isso torna o processo mais gerenciável e aumenta suas chances de sucesso.

6. **Crie um ambiente positivo:** cerque-se de pessoas positivas e de apoio. Afaste-se de relacionamentos tóxicos e crie um ambiente que promova o crescimento pessoal. Não se esqueça que o ambiente **sempre** vence.

7. **Aprender com os erros:** em vez de se lamentar pelos erros do passado, veja-os como oportunidades de aprendizado. Identifique o que pode ser melhorado e use essas experiências para crescer.

8. **Buscar ajuda profissional:** um terapeuta ou *coach* pode oferecer suporte e orientação ao longo desse processo. Ele pode ajudar a identificar padrões de pensamento negativos e fornecer estratégias específicas para a mudança.

9. **Cultive a gratidão:** foque nas coisas positivas em sua vida. Praticar a gratidão diariamente pode ajudar a mudar sua perspectiva e criar uma mentalidade mais positiva. Inclua o exercício da gratidão nos seus rotineiros e verá a grande transformação.

Lembre-se que mudanças levam tempo e esforço contínuo. Seja gentil consigo mesmo(a) durante esse processo e celebre os pequenos avanços ao longo do caminho. A busca por melhorias na vida é um processo gradual, mas cada passo positivo conta.

3.4 – O poder transformador do perdão

Ao participar do método CIS em agosto de 2023, uma profunda reflexão sobre meu passado se desencadeou. O impacto de minhas ações relacionadas à minha infância tornou-se evidente com a frase-chave: **"Somos vítimas de outras vítimas"**. Relacionei a história de meus pais à minha, compreendendo que suas experiências moldaram diretamente quem me tornei. Fui, sem saber, uma vítima de padrões familiares complexos que influenciaram minhas crenças e atitudes.

A falta de expressão de amor em minha criação evidenciou que eu era uma vítima de ciclos familiares. Essa conscientização tornou claro que eu precisava perdoar meus pais e, o mais importante, a mim mesma, para seguir em frente sem culpa e alcançar meu potencial pleno. O perdão emergiu como uma ferramenta libertadora, desencadeando uma onda de abundância em minha vida.

Paulo Vieira, em *Poder e alta performance* (pág. 236)[5], destaca:

> Certamente devemos perdoar todas as pessoas que, por um motivo ou outro, nos fizeram sofrer. É importante que tenhamos bons sentimentos em nosso coração. Todavia, como já vimos, na fase adulta apenas repetimos os padrões de nossa infância, repetimos os padrões aprendidos com pai e mãe ou com pai e mãe substitutos. Dessa forma, quando perdoamos pai e mãe, nós os liberamos, e consequentemente nos libertamos também desses padrões limitantes. Uma vez libertos, não atrairemos mais pessoas ou circunstâncias que reproduziam os velhos padrões em nossa vida, e assim cortamos um ciclo de maldição e sofrimento.

[5] *Op. cit.*, 2017.

A mágoa e o rancor alojados em mim estavam silenciosamente corroendo a alegria e a harmonia de minha casa e minha vida. A falta de perdão é comparada a um câncer silencioso, crescendo gradualmente e afetando todas as áreas de nosso ser.

O perdão, muitas vezes mal interpretado como esquecimento, é parte essencial de um processo doloroso, mas necessário para a libertação. Trata-se de expor e tratar a ferida da alma, um ato desconfortável, porém crucial para a cicatrização.

As palavras de Jesus, registradas na Bíblia, reforçam a importância do perdão na busca pela paz interior. Perdoar não é validar erros, mas, sim, uma escolha consciente de recusar-se a ser intoxicado pela ofensa, buscando a libertação interior. Jesus ensina que perdoar é uma via para viver uma vida liberta, em paz consigo mesmo e em harmonia com Deus (Marcos 11:25; Mateus 6:14).

O poder do perdão desempenhou um papel transformador em minha vida, proporcionando uma jornada de crescimento, superação e prosperidade. A lição aprendida é clara: seja obstinado e fiel aos seus sonhos, pois os resultados virão.

Minha jornada de cura está em constante evolução. Cada passo nesse processo tem trazido luz, paz, discernimento e prosperidade para várias áreas da minha vida. Reconheço que a cura demanda tempo e comprometimento, mas o resultado é uma versão mais segura, confiante e merecedora das bênçãos de Deus.

Atualmente, sou uma advogada conceituada, empreendedora na advocacia, com clientes em todo o país, fundadora do Instituto Amor de Mãe, uma ONG que já beneficiou mais de 8 mil pessoas, e vislumbro um futuro político promissor iniciado neste ano. Acredito firmemente que persistir nos sonhos traz resultados extraordinários.

Persista com obstinação e fidelidade aos seus sonhos, pois é nessa jornada resiliente que os resultados florescerão.

Bríndilla Ventura

CAROLINDA WANDERLEI

Sou Carolinda da Silva Wanderlei, tenho 29 anos de idade, sou natural de Araguaína/TO, esposa amada de Antônio Francisco, mãe mais apaixonada dos frutos que Deus me deu, Joaquim, Bento e Isaque.

Estou empreendedora da beleza de unhas, instrutora, madame do lar e escritora. Amante da natureza, gosto de praticar exercício físico, amo me relacionar com pessoas, gosto de servir a minha família e também as outras pessoas.

Já fui uma pessoa que estava com bloqueios, feridas, os quais impediam de enxergar o meu propósito de vida.

Hoje, com a verdade, a humildade e a coragem, convido a você a abrir o seu coração e deixar Jesus trabalhar em sua vida.

Há Marias que a palavra do senhor já visitou, mas elas ainda não disseram o sim para gerar.

carolindamadamedolar

carollindasunhas

+55 (63) 99206-9376

carolinda9206@gmail.com

OS SEGREDOS DA ALTA PERFORMANCE

04 DESBLOQUEIO EMOCIONAL, CURA E PROPÓSITO NO GERAR

Por Carolinda Wanderlei

Memórias de infância

Lembro muito bem da minha infância. Eu amava brincar de casinha com minha irmã e as bonecas eram nossas filhas, fazia comidinhas, saía para passear e conversar, a gente fazia o nosso teatro...

Eu sempre fui uma menina responsável, vaidosa e cheia de sonhos. Eu sonhava em ter logo minha casa, a minha outra família e ser independente. Por isso, uma das coisas que eu comecei a fazer, ainda criança, foi empreender.

Iniciei aos 9 anos de idade fazendo e vendendo geladinhos, cremezinhos e bombons na escola. Fui gostando disso, pois vendia bem. Logo chegaram os meus 12 anos de idade, e eu coloquei na cabeça que queria aprender a fazer unhas (hoje eu falo embelezar), e minha mãe me apoiou. Comecei a praticar na minha mãe, irmã e vizinhas e logo eu estava sendo a manicure do interior – morávamos em uma chácara. Aos fins de semana, eu só tinha hora para começar, pois muitas pessoas da cidade que iam para suas chácaras eu atendia.

Uma frase que eu sempre falava para minha mãe era: "não nasci para trabalhar para os outros"; sem consciência, mas eu falava.

Terminei o ensino fundamental e já tive que mudar para a cidade para terminar o ensino médio e fazer o ensino superior. Minha vontade era fazer Pedagogia para ser professora. Minha mãe é professora e já me dizia: "Não, minha filha, faça outra coisa, menos ser professora".

Começo de uma vida adulta

Não perdi tempo. Chegando à cidade, logo ingressei em um curso de auxiliar administrativo no Senai e de lá já consegui um emprego de jovem aprendiz com o contrato de dois anos e, após o seu término, foi assinada minha carteira de trabalho. Fiquei nessa empresa por 6 anos e com atendimentos de unhas nos fins de semana, até ingressar na faculdade, período em que dei uma pausa nas unhas.

Casei com um homem maravilhoso, um verdadeiro parceiro, e já vamos fazer 10 anos de casados. Confesso que, para mim, a fase mais difícil do casamento foi os meus dois primeiros anos, pois eu trouxe feridas e bloqueios emocionais do passado para dentro do meu casamento. Eu vivia muito no modo elétrico, queria tudo no estalar de dedos, sem paciência, ansiosa, com pensamentos de inferioridade, vitimização.

Vivia muito no passado, o qual eu não poderia mudar, e deixando de viver o presente. Chata, mal-humorada, insegura, ingrata e muito frustrada. Isso chegou a um ponto tão grave que meu casamento estava por um fio. Mas sou a mulher mais sortuda do mundo por ter ao meu lado um homem mais incrível que os meus olhos já viram; ele não desistiu da aliança feita. Não só me ajudou a buscar ajuda como me fez acreditar que os contos de fadas também são reais. Eu sou privilegiada por ter o meu verdadeiro príncipe.

Hoje tenho consciência do quanto eu era difícil e do quanto Deus nos ama.

A surpresa inesperada

Com o sonho de ser mãe, logo procurei fazer consultas e exames de rotinas, e para a minha surpresa fui diagnosticada com útero bicórneo que é um tipo de malformação que afeta de 5% a 6% das mulheres do mundo. Dificilmente a mulher consegue engravidar e, caso engravide, tem risco de aborto espontâneo ou parto prematuro. Foi exatamente isso o que eu ouvi de uma médica, o que me fez eu me sentir a pior pessoa. Chorei muito e fiquei arrasada, mas, mesmo assim, eu ainda tinha uma esperança de que tudo iria dar certo e o sonho de ser mãe queimava em meu coração. Então eu tinha duas opções a escolher: aceitar esse diagnóstico ou acreditar que Deus sempre tem o melhor para a nossa vida, pois acredito que Deus é médico dos médicos.

O tempo foi se passando, a ansiedade era demais e todo mês achava que estava grávida. Dois anos se passaram, havia usado todos meios possíveis para ver se conseguiria engravidar e nada, até eu e meu esposo decidirmos que, quando eu terminasse o curso de Direito , nós buscaríamos fazer um tratamento para eu conseguir engravidar.

Chorei muitas vezes, perguntando para Deus o por que eu não conseguia engravidar, o porquê de tantas mulheres terem o dom de gerar e mesmo assim não quererem ter filhos, o porquê de tantas mulheres fazerem mal com seus filhos. Por quê? Não entendia o por que isso estava acontecendo comigo. Depois eu me conformei e vi que precisaria esperar chegar o tempo para procurar por um tratamento. Descansei no Senhor.

Às vezes, você não recebe algo no momento que pede, porque ainda não está preparada, e Deus não vai estragar isso. Filipenses 4:6 diz que "Por nada estejais ansiosos; mas em tudo, pela oração e súplica com ação de graças, sejam as vossas petições conhecidas diante de Deus."

O milagre

Em um belo dia, comecei a sentir incômodos no estômago, cuspideiras matinais, tonturas e sensibilidade a cheiro. Pensei que fosse uma gastrite, inclusive já estava com pedido de endoscopia em mãos.

Outros sintomas foram aparecendo, então resolvi fazer um exame de sangue, que na minha cabeça que era só para não dizer que eu não tinha feito. Para a minha surpresa: o SIM chegou. Eu mal acreditava que era real o que estava acontecendo. Fiquei muito feliz.

Iniciei o pré-natal, e você lembra lá no início qual foi o meu diagnóstico? Pois é, a minha gravidez foi considerada de alto risco. Confesso que fiquei com medo de sofrer algum aborto espontâneo, e cada mês que passava era uma vitória, e um grande respirar, até conseguir passar dos 7 meses. Não foi tranquilo para mim. Ao mesmo tempo que eu tinha fé, também tinha meus medos. Mas, para honra e toda glória do Senhor, chegamos ao tão esperado 9º mês.

O meu filho, a minha benção, nasceu de 40 semanas, muito bem de saúde e com muita luz. Não aconteceu nada vezes nada durante todo o percurso de minha gestação até o parir. Se tem gestante saudável, eu fui uma delas; a mão de Deus estava presente em todos os detalhes. Uau, Carol, foi um milagre! Sem dúvidas, foi sim um grande milagre.

Estagnada na dor

Como diz o filósofo Nietzsche, o mundo em que agora vivemos é um mundo cuja perspectiva está tão distorcida que nós absolutizamos o que é relativo (dinheiro, poder, sucesso) e relativizamos o que é absoluto (verdade, moral, valores e Deus).

Poder, riquezas, fama, sucesso e dominação são idolatrados; humildade, castidade, modéstia, sacrifício e serviço são vistos como sinais de fraqueza.

A ignorância (desconhecimento) chama-me muito a atenção. Se você não estuda, você está ignorando o conhecimento; e, por falta dele, eu deixei me levar pelos discursos de pessoas infelizes, egoístas e frustradas.

Você já deve ter ouvido o que muitos pregam sobre o que é ter filhos: dizendo que tem medo por conta de condição financeira, por medo de não estudar mais, de não poder trabalhar, de não poder fazer as viagens dos sonhos, medo de atrapalhar a relação entre o casal ou até mesmo levar a uma separação, por atrapalhar a noite de sono, que não tem paciência, de não poder ter vida social, de não ter tempo para se cuidar e por aí vai.

São colocadas tantas barreiras para justificar o porquê de não gerar.

Quando você está cheio de si, não deixando o Espírito Santo trabalhar em você, realmente acaba caindo no discurso que a sociedade prega e vibrando no egoísmo. Vira até um imã de atrair pessoas com essa mesma visão. Foi o que aconteceu comigo.

Eu passei 3 anos com vários bloqueios, feridas, crenças limitantes, autoengano, cheguei a um nível de dizer que só um filho estava bom demais e já ia colocando as barreiras na frente; uso contínuo de anticoncepcional e queria porque queria que meu esposo fizesse a vasectomia. Vibrava muito no eu, como se a vida fosse só para mim, e muitas pessoas do meu ciclo superapoiavam. E eu? Sentindo-me o máximo com essa rodinha de pessoas.

O orgulho era tão grande que eu não queria ouvir conselho de pessoas experientes. A cada dia, eu ia vivendo no modo aleatório e a situação só ia de mal a pior. E você já sabe, né? Que uma pessoa ferida, fere outras pessoas, e nesse caso as vítimas foram da minha família. Sim, como pude ser tão ingrata assim, não é mesmo?

A transformação

"E não sede conformados com este mundo, mas sede transformados pela renovação da vossa mente, para que experimenteis qual é a boa, agradável e perfeita vontade de Deus." (Rm 12:2)

Deus não esquece dos sonhos que tem para nós, e ainda bem que é Ele quem decide.

Desbloqueio emocional

O ano no era 2020, quando por acaso entrei em uma *live* do Pablo Marçal. Nessa *live* ele falava sobre pessoas que não queriam ter filhos, sobre família e muito mais. Eu só pensava: "ele só pode estar falando comigo". Fui me identificando com tantas coisas e as ficham começaram a cair, que desde então passei a consumir conteúdos dele, os quais me ajudaram muito em minha vida. Houve grandes transformações, inclusive o meu acordar e levantar antes de o Sol nascer. E realmente é fantástica essa energia que pegamos e carregamos ao longo do dia. Depois desse dia, nunca mais fui a mesma, mudei muito a minha mentalidade, tanto que eu já queria ter o meu segundo filho e deixei de tomar o anticoncepcional no mesmo dia.

Daí em diante, fui buscar estudar sobre ter mais filhos, e o professor Felipe Aquino, um homem muito conhecedor e vivente da palavra de Deus, em um dos seus vídeos, falava: "**não tenham medo de ter filhos**, tenham filhos". Relatou que, na vida dele, com cada filho que Deus lhe deu, muitas bênçãos lhe aconteceram e conquistas foram alcançadas depois da chegada de cada filho. Ouvindo a história dele, eu parei para olhar para a minha vida com verdade, humildade e coragem.

A verdade, a humildade e a coragem

Não existe transformação sem a plena consciência de como está a sua vida hoje e sem reconhecimento de tudo o que foi vivido até aqui. Eu reconheci que precisava de ajuda, então busquei fazer sessões com psicólogos e terapeutas.

Tomei a decisão de pedir demissão do emprego, tranquei o curso de Direito, encerrei ciclos de amizades que não me faziam bem, mudei os ambientes, deixei de assistir televisão, jornais, deixei de estar me alimentando de notícias e fatos que não me acrescentariam nada. Eu decidi deixar de consumir tudo o que não agregasse valor à minha vida. Passei a buscar e viver novas experiências. Eu decidi virar a página da minha vida.

Quando você muda tudo à sua volta muda também, e muitas fichas foram caindo. Percebi o quanto estava presa no discurso de pessoas infelizes e deixando de viver, de olhar para a minha vida, sendo que na minha vida não estava acontecendo esse peso que as pessoas colocam no gerar. Muito pelo contrário, eu me tornei a minha melhor versão, a minha vida tomou muito mais sentido, procurei trabalhar as virtudes humanas: paciência, humildade, sabedoria, companheirismo, autoconfiança, disciplina, comprometimento, inteligência, empatia, simpatia e contentamento, virtudes que antes estavam adormecidas. Cada um tem a sua história e suas experiências a viver e contar, e não precisam ser como as de outra pessoa.

É preciso estar limpo para dar frutos e permanecer em Jesus

O meu segundo filho chegou depois de 5 anos do primeiro, e mais uma vez aquela mesma história: gravidez considerada de alto risco. Mas, dessa vez, eu estava muito mais firme na fé, e o que os médicos passaram para mim já não me surpreendeu, já estava preparada para ouvir a mesma história. E sabe o que aconteceu? Mais uma vez, uma gravidez muito saudável, mais um bebê cheio de saúde e mamãe e papai ainda mais felizes com o aumento da família.

A pergunta se tornou: agora você vai fazer laqueadura? E minha reposta do fundo do meu coração era: "Não, não sinto e nem pretendo romper nada que Deus fez em mim, porque o que ele fez em minha vida é um milagre, e Deus tem um propósito muito grande na vida de cada um dos meus filhos.

Nada é por acaso, tudo tem um propósito pelo qual acontece."

Bem, em menos de 2 anos, veio mais o meu terceiro milagre, para ainda mais alegrar os nossos corações e transbordar de tanto amor que sentimos por cada bênção recebida. Hoje entendo o que significa a palavra **amor**.

Deus está presente em tudo. Eu vejo a presença Dele em cada detalhe da nossa vida. E então a pergunta se tornou: "agora a fábrica se encerrou, né?". E, mais uma vez: "Não, não sinto e nem tenho vontade romper o que Deus fez em mim." Gosto de pensar que fábrica boa não se fecha, ainda mais quando Deus é o dono. Não estou dizendo que é fácil, é desafiador mesmo, muito desafiador, porque não é só sobre eles, é mais sobre nós sermos desafiados a sermos pessoas melhores todos os dias. Mas uma coisa é certa, quando a gente ama a Deus, as coisas que parecem tão difíceis, tornam-se prazerosas. Para ter filhos, é preciso amar muito o Pai!

Cura e propósito no gerar

No ano de 2022, eu vivi uma experiência única, num encontro só de mulheres criado por Karen Batista.

Nomeado Café das *Ladies*, ele não é um encontro qualquer, é um encontro de transformação. Nesse dia, todos falaram um pouco de sua história, e entre uma história e outra, uma das *ladies* falou sobre o dia a dia com os filhos dela, e aquilo mexeu muito comigo, "tocou na minha ferida", e eu desabei em choro. Chorava, mas eu chorava tanto que não conseguia conter minhas lágrimas. Eram um choro e uma voz me dizendo: "Está vendo? É isso que eu quero." E se repetia novamente: "Está esperando o quê?" Eu sem entender, perguntava em pensamento: "Mas o que, Senhor!? Eu, não estou entendendo nada!". E o Senhor dizia: "Está esperando o quê?". E eu dizia: "Mas eu não estou preparada, eu não sou exemplo".

Depois disso, eu não ouvi mais nada, só sabia chorar e eu nunca entendi o porquê daquele choro incontrolável.

O tempo foi se passando, tanta gente falando de propósito e nunca sabia qual era o meu. Assisti a muitos vídeos falando sobre propósito, mas eu nunca identificava o meu. Eu me sentia perdida, porque não tinha clareza de qual era o meu.

"Ah, tudo bem, deixa para lá."

Até que um belo dia me apareceu um vídeo com o tema bem destacado PROPÓSITO. E eu "ah, deixa eu assistir a mais um". Esse mais um foi o suficiente para mim, porque eu nunca vi uma pessoa falar com tanta clareza para mim sobre propósito, e ela se chama May Duchini. Em um momento, ela falou: "Qual a sua dor, minha líder? A sua dor é o seu propósito!". No mesmo instante, me veio à mente exatamente o dia em que tanto chorei no café das *ladies*. Veio-me esse dia com tanta clareza que, só depois de um ano, eu descobri o motivo do meu choro. Nesse dia, eu recebi **cura** e **propósito** no **gerar** filhos para Deus.

Tudo isso aconteceu exatamente na mesma semana em que fui convidada a escrever este livro, e hoje sou mãe de três filhos muito abençoados.

Gerar não é sobre condição é sobre mentalidade

Mulher, você tem parado para pensar quão privilegiadas somos por podermos **gerar**? Você tem noção disso?

Todas as mulheres, sem exceção, são chamadas a ser mães. A maternidade é o grande carisma feminino, que corresponde ao carisma do sacerdócio confiado a alguns homens. Deus decidiu que esses dois carismas não seriam compatíveis. Ser mãe, ter o sentido maternal, significa voltar-se especialmente para os mais necessitados sobre cada coisa pequena e fraca sobre a face da Terra. A maternidade é um chamado sublime e, embora o coração ingrato do homem, muitas vezes, se esqueça dos sofrimentos por que sua mãe teve de passar para trazê-lo ao mundo e da contínua dedicação empregada em sua educação.

Ei, mulher, permita-se gerar, saia do egoísmo para dar frutos. Os frutos são para a glória de Deus, deixe-se ser trabalhada por Deus.

> Eis que os filhos são herança do Senhor, e o fruto do útero é a sua recompensa. Como flechas estão na mão de um homem poderoso, assim são os filhos na juventude. Feliz é o homem que tem sua aljava cheia deles; eles não serão envergonhados, mas falarão com os inimigos no portão. (Salmo 127:3-5).

Filhos são a nossa continuação no mundo.

Feche as janelas externas, encerre ciclos, saia das rodinhas, pare de ficar olhando para a sua condição e para tudo que você não tem. Ele já a abençoou, mas talvez você esteja tão envolvida com teus planos e que não percebeu que Deus escolheu você para executar os planos dEle. Deus disse "eu cuidarei de você, tenha fé", mas você ainda não disse sim para gerar para o céu. Abrace o Pai e fale "Deus eu quero viver o que você tem para mim. Sim, eu aceito o Senhor gerar algo tão grandioso em mim".

Ele não escolhe de acordo com o que você pode fazer, mas de acordo com o que Ele pode fazer por meio de você. Vão, sim, oposições se levantarem na sua mente e no seu coração para tentar fazer você desistir, mas quem foi escolhida para carregar a graça de Deus para este tempo sempre vai ser vista como ameaça.

Você é forte e corajosa. Não dê ouvidos às vozes da limitação, apenas se entregue e confie ao propósito. Você tem o privilégio de gerar para o céu: "Confia tuas obras ao Senhor, e os teus pensamentos serão estabelecidos." (Pv 16:3). Deixe o Espírito envolvê-la; Ele a capacitará e a guiará. Amém!

O propósito planta uma semente em você, mas é o processo que a faz frutificar.

Nunca vamos entender algumas formas de Deus agir na nossa vida.

Há permissões que ele concede para numa estação adiante lhe mostrar que foi necessário. Enquanto você passa pela estrada no banco do carona, a única coisa que pode fazer é confiar em quem dirige o carro e desfrutar da viagem. Há portas fechadas na nossa vida que vão arrancar lágrimas de informação para só então, mais adiante na maturidade, vermos aquele não como a melhor coisa que Deus poderia fazer. Era proteção, e não rejeição. Era cuidado, e não castração. Era livramento, e não impedimento.

O propósito é semente e o processo leva você ao fruto. O propósito chama você para se lançar, o processo, para se entregar. O processo vai fazer você entender que precisa "cantar alegremente", sendo ainda estéril antes do fruto manifestar o milagre. Você vai ser esticada para dar lugar ao infinitamente mais de Deus, enquanto ele lhe acrescenta, apesar das suas próprias limitações. Você vai precisar sentir as contrações primeiro, para depois se esquecer delas quando o bebê estiver no colo.

Nunca vamos entender algumas formas de Deus agir, muito menos por que Ele escolhe pessoas tão frágeis e limitadas. A única coisa que sabemos é que Ele não erra em suas escolhas e conta com o seu próprio poder para nos levantar das nossas fraquezas durante o processo quando nos entregamos a Ele por inteiro.

Gere a semente enquanto passa pelo processo e se alegrará no tempo de conceber.

> Aquele que observa o vento nunca semeará, e o que olha para as nuvens nunca cegará. Assim como tu não sabes qual caminho do espírito, nem como crescem os ossos no ventre daquela que está grávida, assim também não sabes as obras de Deus, que sim também não sabes as obras de Deus, que faz todas as coisas. (Eclesiastes 11: 4-5)

Aqui deixo minhas práticas diárias para viver uma vida intencional:

1. Fale com Deus todos os dias sem cessar.
2. Faça a leitura de bons livros com constância.
3. Estude sobre filhos, família, maternidade e casamento.
4. Seja sua maior prioridade; isso não é egoísmo.
5. Trabalhe as virtudes humanas todos os dias com a ajuda do Espírito Santo.
6. Desenvolva autoconhecimento.
7. Tenha inteligência emocional.
8. Aprenda a dar um novo significado às coisas.
9. Aprecie todas as coisas; as mais simples serão as coisas mais grandiosas.
10. Tenha gratidão por tanto e por tudo.

11. Cuide de sua alimentação.
12. Pratique algum tipo de exercício físico todos os dias.
13. Sorria, cante, dance, chore, grite e agradeça.
14. Aprecie a sua própria companhia.
15. Sirva a sua família e as pessoas com amor e alegria.
16. Tenha contato com a natureza.
17. Foque em desfazer crenças negativas.
18. Seja otimista.
19. Faça o básico bem feito.
20. Tenha a coragem de ser imperfeito.
21. Faça terapia.
22. Encerre ciclos que não fazem mais sentido.
23. Tenha boas amizades e bons relacionamentos com pessoas.
24. Desacelere, saia do modo automático, pare de viver aleatoriamente.
25. Aja! Faça o que tem que ser feito.

Eu não vou fazer da minha dor a minha casa; as cicatrizes foram feitas por mim e não para mim.

Carolinda Wanderlei

DEIA BARBIERI

Sou Deia Barbieri, filha amada de Deus, esposa de Jefferson e mãe de Amanda e Jhulia.

Amo e honro a vida dos meus pais, Ida Sonego Barbieri e Sergio Barbieri *(in memoriam)*.

Sou contadora, especialista comportamental, e mentora de carreira e alta performance para profissionais, líderes e empresários, escritora e palestrante.

No decorrer da minha carreira empresarial, presenciei as dificuldades dos trabalhadores e também dos líderes e facilitei minha comunicação e o desenvolvimento de ambos, elevando-os para outro nível e alcançando resultados extraordinários.

Minha mentoria tem acelerado e transformado a carreira de profissionais, líderes e empresários, alcançando melhores resultados individuais e com sua equipe.

deiabarbierioficial

+55 (47) 99644-1339

OS SEGREDOS DA ALTA PERFORMANCE

05 DESPERTE O SEU POTENCIAL

Por Deia Barbieri

Assim como o sol desperta a natureza a cada amanhecer, este capítulo é um convite para despertar o seu potencial adormecido, seja para performar na sua profissão ou para fazer uma transição de carreira.

Em um mundo repleto de possibilidades e oportunidades, muitas vezes, encontramo-nos presos em uma rotina monótona e limitante, sem explorar todo o nosso potencial.

Muitas vezes, nascemos em uma família ou vivemos em uma sociedade que nos impõe padrões e expectativas, fazendo-nos acreditar que devemos seguir um caminho predeterminado e nos conformar com o que é considerado "normal". E, às vezes, esse normal traz à tona a crença do não merecimento.

Você já deve ter observado no seu meio ou até vivenciado em sua família ou no âmbito de suas amizades o filho achar que não merece ter um carro melhor do que o pai, ou até mesmo pensar que não deve ter um bem material porque nem mesmo o seu patrão tem. Empreender? "Jamais! Meu pai trabalhou a vida toda como funcionário."

E ainda acontece de a família ter o pensamento engessado em: "Estuda meu filho, para passar em concurso, assim você vai garantir o emprego até se 'aposentar'." Esses exemplos e muitos outros podem ser chamados de **crença de não merecimento**, e, no âmbito profissional, a crença de não merecimento pode limitar a busca por oportunidades de carreira, promoções ou salários mais altos, pois a pessoa pode duvidar de sua capacidade de alcançar ou manter esses sucessos.

Superar a crença de não merecimento, geralmente, requer autoconhecimento e compaixão.

Dentro de cada um de nós, existe um potencial infinito, esperando para ser descoberto e desenvolvido, mas, para acessar esse potencial, é preciso se conectar com a sua essência mais profunda, assim você irá descobrir o que realmente o impulsiona e o que verdadeiramente importa para você.

O despertar do nosso verdadeiro potencial é um processo contínuo e transformador.

Imagine por um momento o que seria possível se você pudesse desbloquear todo o potencial adormecido dentro de si. Visualize-se realizando seus maiores sonhos, alcançando metas aparentemente inatingíveis e vivendo a vida que sempre desejou. Agora pare por um instante e reflita:

O que está lhe impedindo de atingir todos esse potencial?

O que poderia conquistar se decidisse despertar a sua força interior, superar as limitações e abraçar o extraordinário que habita dentro de você?

Este capítulo, "Desperte o seu potencial", é um convite para você se reconectar consigo mesmo, descobrir suas paixões, talentos e habilidades únicas, e alcançar todo o seu potencial.

Aqui, vamos explorar juntos as chaves e estratégias necessárias para despertar o seu potencial, romper barreiras e alcançar novos patamares de sucesso e felicidade. Está na hora de você se libertar das amarras que o impedem de brilhar e se permitir ser a melhor versão de si mesmo.

Chegou o momento de despertar o seu potencial e conquistar o que você sempre soube que é capaz.

Está pronto para dar o primeiro passo?

É fundamental ter confiança em si mesmo e acreditar no seu potencial. Muitas vezes, somos nossos piores críticos e nos autossabotamos por medo do fracasso ou do julgamento dos outros. No entanto, é preciso lembrar que somos capazes de superar desafios e alcançar nossos objetivos, desde que estejamos dispostos a sair da zona de conforto e arriscar.

Sair da zona de conforto exige foco, coragem e determinação!

O medo do fracasso nos impede de tentar algo novo ou seguir os nossos sonhos, assim como a falta de autoconfiança pode nos impedir de explorarmos todo o nosso potencial.

Não conhecer completamente as nossas habilidades, talentos e paixões, pode dificultar a identificação do que realmente nos motiva e nos impede de aproveitar ao máximo o nosso potencial.

A zona de conforto nos permite permanecer acomodados e limita o nosso crescimento pessoal e profissional.

Ainda é necessário mencionar aqui as nossas crenças limitantes, crenças negativas que construímos para nós mesmos, como "eu não sou bom o suficiente" ou "eu não mereço o sucesso". Essas crenças precisam ser identificadas e ressignificadas.

A falta de apoio no meio ao qual convivemos, bem como a falta de clareza de objetivos e metas, remete-nos ao sentimento de estarmos perdidos e sem motivação para buscarmos o nosso potencial ao máximo.

Ser resistente a mudanças também nos impede do novo, pois nos sentimos confortáveis na situação que já vivenciamos e com a qual temos experiência.

Falta de tempo e não saber priorizar as atividades, além de comportamentos autodestrutivos, como procrastinação e autocrítica excessiva, podem nos impedir de alcançar os nossos objetivos.

Estar sobrecarregado e centralizando ainda mais tarefas, pensar que somente o pilar profissional faz sentido e ter outras áreas da vida esquecidas, não conseguir inovar, não ter um olhar voltado para um novo horizonte, pois está envolvido demais nas tarefas; encontrar-se estagnado financeiramente com a percepção de que trabalha muito, mas não é reconhecido, são motivos suficientes para buscar uma melhor performance pessoal e profissional.

Identificar e enfrentar esses problemas é fundamental para superá-los e despertar o seu potencial máximo. Ao reconhecer esses obstáculos e trabalhar para superá-los, você estará no caminho certo para alcançar seus objetivos e viver uma vida plena e realizada.

No meu primeiro livro, *Cresça e aconteça – 24 chaves para o crescimento profissional*, eu escrevi sobre a chave da "Autoconfiança", sobre o quanto a falta de confiança em mim e a minha insegurança me impediram de seguir adiante, e como eu me aprofundei totalmente autoconhecimento e, desde então, tive clareza das minhas características, da minha essência, das fraquezas que estavam em mim e não conhecia, das habilidades que eu possuía e não utilizava, e esse autoconhecimento me trouxe significativas realizações em minha vida.

Despertar o potencial que existe dentro de nós requer um processo de autoconhecimento, autodesenvolvimento e ação consistente.

Agora eu quero entregar a você as chaves importantes para ajudá-lo nesse processo.

1. **Autoconhecimento:** o primeiro passo para qualquer processo de desenvolvimento humano é conhecer a si mesmo. Conhecer o seu "eu" requer uma imersão profunda. Não é uma tarefa fácil, mas é essencial para alcançar o seu sucesso pessoal e profissional. Esta chave envolve identificar suas habilidades, talentos, valores, crenças limitantes e pontos de melhoria. Quanto mais você compreender quem é, mais fácil será potencializar seus pontos fortes e trabalhar em suas limitações.

2. **Definir metas:** estabelecer metas claras e objetivos desafiadores, porém alcançáveis, é essencial para orientar suas ações e direcionar seu potencial para onde você deseja chegar.

3. **Desenvolvimento de habilidades:** invista na melhoria contínua de suas habilidades e competências. Busque oportunidades de aprendizado e conhecimento, faça cursos, participe de *workshops*, tenha uma mentora e esteja sempre aberto a novas experiências que possam contribuir para o seu crescimento pessoal e profissional.

4. **Atitude positiva:** cultive uma mentalidade positiva e aberta para novas possibilidades. Acredite em si mesmo, enfrente desafios com coragem e persistência e encare os fracassos como oportunidades de aprendizado e crescimento.

5. **Foco e disciplina:** mantenha o foco em seus objetivos e seja disciplinado em suas ações. Estabeleça rotinas e hábitos saudáveis que o ajudem a manter o foco e a produtividade, evitando distrações e procrastinação. Lembre-se de que o sucesso vem da consistência e da determinação em seguir em frente, mesmo diante de obstáculos.

6. ***Networking* e relacionamentos positivos:** conecte-se com pessoas que possam apoiar e incentivar o seu crescimento. Construa relacionamentos positivos e colaborativos, busque mentores que possam orientá-lo em seu desenvolvimento pessoal e profissional.

7. **Autoconfiança e autoestima:** acredite em si mesmo e em seu potencial. Desenvolva a sua autoconfiança e fortaleça a sua autoestima, reconhecendo o seu valor e as suas capacidades. Saiba que você é capaz de alcançar grandes feitos e não se deixe abalar por críticas ou autocríticas negativas.

Ao seguir essas chaves para despertar o seu potencial, você dará passos importantes na jornada do autoconhecimento e autodesenvolvimento.

Lembre-se de que o processo de crescimento pessoal é contínuo e requer dedicação, paciência e perseverança. Esteja aberto a novas oportunidades, desafie-se constantemente e nunca subestime o poder que existe dentro de você. O seu potencial é ilimitado, basta que você se disponha a explorá-lo e a desenvolvê-lo da melhor maneira possível.

No livro *Fui lá e venci*, eu escrevi o capítulo “Acredite em você” e nesse capítulo conto a história da minha carreira profissional e o quanto sou grata até hoje pelo meu primeiro emprego, no qual, apesar de eu ter pouca experiência de vida, acreditaram em mim e na minha capacidade e vontade de aprender, fazer e crescer — pessoas que acreditaram no meu talento.

Se despertar em você o desejo de ler os meus livros: *Cresça e aconteça* e *Fui lá e venci*, que escrevi em coautoria com outros grandes escritores, pode me chamar no direct do meu Instagram. Eu irei autografá-los com muito carinho e gratidão. Envio para todo o Brasil.

Mas o que eu quero dizer e sempre falo em minhas palestras é que, em nossa vida, em nosso caminho, em nossa trajetória, vamos encontrar:

- pessoas que nos puxam para trás;
- pessoas que nos incentivam a ficar quietinhos onde estamos e seguir aquele ritmo;
- pessoas que irão falar que você sonha alto demais, que isso não é para você, que você não nasceu em berço de ouro...

Mas também haverá aquelas pessoas:

- aquelas pessoas que vão andar com você, que vão estar com você;
- aquelas pessoas que permanecerão com você independente do que aconteça.

E vou mais além.

Haverá aquelas pessoas que, muitas vezes, vão acreditar em você, no seu potencial, muito mais do que você mesmo acredita.

Com quais pessoas você tem andado?

Despertar o seu potencial também inclui a importância de escolher cuidadosamente as pessoas com quem compartilha a sua jornada.

Escolher pessoas que acreditam no seu potencial, que elevem você e que o incentivem a crescer é o combustível necessário para alcançar grandes alturas. Assim como a qualidade do solo afeta o crescimento de uma planta, as pessoas ao nosso redor moldam a essência do nosso potencial.

Sim, devemos escolher amigos que irão nos ajudar a nutrir os nossos sonhos, amigos que acreditam no nosso potencial, que ficarão felizes e irão comemorar junto a cada conquista, a cada sonho realizado.

As pessoas que escolhemos para caminhar ao nosso lado são como bússolas, orientando-nos em direção às nossas maiores realizações.

O autoconhecimento foi a "chave" que abriu novas portas e me trouxe a autoconfiança para fazer a transição de carreira.

Hoje eu me tornei Escritora, palestrante e mentora de carreira e desenvolvimento pessoal.

Eu passei pela transição de carreira, desenvolvi-me e performei nessa nova carreira, eu vivenciei e experienciei esse caminho. A minha missão é segurar cada mentorado pela mão, com um processo em grupo ou individualizado e humanizado, levando esses profissionais a performarem ou a navegarem por transições significativas, seja dentro de suas carreiras atuais ou para novos campos.

Transição de carreira

Fazer uma transição de carreira não é algo fácil. Para alguns perfis, o processo além de demandar tempo e planejamento, também significa lidar com sentimentos como medo, ansiedade e angústia. Para outros, a mudança é tratada com mais leveza, e a busca por um novo caminho profissional se mostra desafiadora e positiva.

Independentemente de como se encara, toda transição de carreira precisa passar por:

- consciência de porque eu quero mudar de carreira;
- quem eu sou, quais as minhas motivações e capacidades;
- escolha consciente da nova carreira;
- plano estratégico de transição.

É importante entender e trazer clareza de quais as motivações para tal decisão, para poder avançar no processo de transição de carreira.

Fé, força e coragem!

Não se prenda ao passado.

Comece agora e faça um novo futuro!

Fluidez nas carreiras conforme pesquisa

- **63%** já mudou de carreira.
- **48%** pretendem mudar de carreira nos próximos 12 meses.

- **70%** querem uma carreira mais alinhada a seus interesses e propósito de vida.

(Fonte: Tera e a Scoop&Co Re. *Trabalho 2020*)

"Nunca é tarde demais para ser quem você poderia ter sido. A transição de carreira é uma oportunidade para se reinventar." (George Eliot)

E agora, como um ***overdelivery***, vou apresentar aqui, as chaves essenciais para você que está pensando em navegar em outros mares, por meio de uma transição de carreira, mas não sabe por onde começar. Posso dizer que uma transição de carreira sempre será desafiadora, porém, com planejamento e abordagem estratégica, é possível tornar esse processo mais suave.

Vou lhe entregar algumas chaves importantes para uma transição de carreira bem-sucedida, mas não se surpreenda, pois não é por acaso que algumas chaves se repetem nessa fase:

1. **Autoconhecimento e autoavaliação:** aqui também o autoconhecimento é a primeira chave, pois é necessário conhecer a si mesmo, avaliar profundamente seus interesses, valores, habilidades e paixões. Compreender seus pontos fortes e áreas de interesse é fundamental para escolher uma nova carreira que seja significativa para você.

2. **Pesquisa de mercado e oportunidades:** pesquise as diferentes opções de carreira que se alinham com suas habilidades e interesses. Explore o mercado de trabalho na área desejada, para entender as oportunidades disponíveis, as demandas do setor e para construir uma base sólida para sua mudança.

3. **Estabeleça metas e objetivos de carreira:** defina seus objetivos de carreira a longo prazo. Onde você se vê daqui a 5 anos? Seja detalhista e específico, considere o tipo de cargo que deseja exercer, a empresa, sua cultura e outros fatores importantes para você.

4. **Desenvolvimento de habilidades**: identifique as habilidades necessárias para a carreira desejada e desenvolva-as ativamente. Considere aqui:

pós-graduação, livros, cursos técnicos, treinamentos, certificações e experiências práticas que aumentem suas qualificações para a nova área.

5. ***Networking* estratégico:** construa e fortaleça sua rede profissional. Participe de grupos e mantenha contatos profissionais relevantes e com colegas que já trabalhou. O *networking* pode abrir portas para oportunidades inesperadas.

6. **Mentalidade positiva e resiliência:** é importante ter uma mentalidade positiva e resiliente para encarar a transição de carreira. A resiliência é crucial para superar as dificuldades inerentes à mudança de carreira.

7. **Planejamento financeiro:** é importante elaborar um plano financeiro que leve em consideração possíveis períodos de ajuste e que permita que você siga suas metas de carreira sem excesso de estresse financeiro.

Essas chaves ajudarão você a construir uma estrutura sólida durante a transição de carreira. É importante lembrar que a transição de carreira é um processo contínuo. Permaneça flexível, adapte-se conforme necessário e esteja disposto a aprender ao longo do caminho. Cada desafio apresenta uma oportunidade de crescimento e desenvolvimento pessoal, contribuindo para uma transição bem-sucedida.

Agora, com muito amor, eu vou deixar para você essa prática, que tem o objetivo de visualizar e definir metas para o seu potencial futuro. Agora, você deve abrir o seu coração e escrever uma carta para o seu "eu" do futuro.

Instruções:

1. Encontre um local tranquilo e reserve um tempo para se concentrar e refletir.

2. Imagine-se no futuro, daqui a 5 anos. Visualize-se como a melhor versão de si mesmo, realizando seus sonhos, alcançando suas metas e vivendo uma vida plena e significativa.

3. Agora, escreva uma carta para o seu "eu" do futuro. Descreva como você se vê, o que alcançou, como se sente e quais são suas maiores conquistas e realizações. Seja específico e detalhado.

4. Depois de escrever a carta, faça uma lista das metas e objetivos que você identificou nela. Analise o que é necessário fazer para alcançar essas metas e quais passos você pode dar a partir de hoje para chegar lá.

5. Comprometa-se a revisitar essa carta periodicamente, ajustando suas metas e objetivos conforme necessário. Essa carta deve ser usada como uma fonte de inspiração e motivação para despertar e desenvolver o seu potencial ao máximo.

Esse exercício pode ajudar a visualizar o seu potencial futuro, definir metas claras e tomar medidas concretas para alcançar seus objetivos.

Incluir diariamente atividades práticas como essa, pode ajudá-lo a começar a agir em direção ao desenvolvimento do seu potencial. Você dará um passo importante em direção ao despertar do seu potencial e à criação da vida que deseja viver. Lembre-se de que o potencial ilimitado que você possui está ao seu alcance e é sua responsabilidade cultivá-lo e colocá-lo em prática.

Não tenha medo de explorar novos caminhos, de experimentar coisas novas e de desafiar-se a ir além do que você pensava ser possível. O potencial é ilimitado e a jornada de autodescoberta é infinita. Esteja aberto para descobrir novas facetas de si mesmo e para cultivar um caminho de crescimento e realização.

À medida que encerramos este capítulo sobre o despertar do seu potencial, convido você a dar o próximo passo em sua jornada de autodescoberta e crescimento pessoal. Se você se identificou com as reflexões e estratégias aqui compartilhadas, saiba que não está sozinho nessa jornada. Estou aqui para segurar sua mão, para seguirmos juntos, rumo a alcançar seus objetivos, superar desafios e potencializar o melhor de si mesmo.

Chegou o momento de você despertar o seu potencial e alcançar o que sempre sonhou! Não espere mais, dê o primeiro passo em direção a uma vida de realização, crescimento e sucesso. Eu espero você para caminharmos juntos de mãos dadas, na minha mentoria "Desperte o seu potencial". Seja dono da sua jornada, descubra as suas habilidades únicas e transforme os seus sonhos em realidade.

Acredite no seu potencial, desafie-se, corra riscos, aprenda com os erros e celebre cada vitória, por menor que seja. O mundo está esperando por você e pelas suas contribuições únicas. Chegou a hora de brilhar, de se destacar, de ser a melhor versão de si mesmo. Não deixe o seu potencial adormecido, desperte-o e conquiste o que você merece. A jornada começa agora. Vamos juntos despertar o seu potencial e fazer a diferença no mundo?

A mentoria acelera o seu processo de desenvolvimento, proporcionando *insights*, orientação e suporte personalizado para que você alcance seus objetivos com mais eficiência e eficácia. Ao trabalhar com uma mentora comprometida e experiente, você terá a oportunidade de explorar novas perspectivas, superar obstáculos e desafios e alcançar um nível mais profundo de autoconhecimento e autodesenvolvimento.

Que a sua jornada de autodescoberta e crescimento pessoal seja repleta de aprendizados, conquistas e momentos de transformação.

Não deixe essa oportunidade passar!

Se você está verdadeiramente comprometido em despertar o seu potencial e transformar a sua vida, estou aqui para apoiá-lo, guiar e inspirar ao longo do caminho, não hesite em entrar em contato comigo para saber mais sobre como a minha mentoria pode transformar a sua vida.

Vamos despertar o seu potencial e, juntos, alcançar o extraordinário!

Fé, força e coragem! Não se prenda ao passado. Comece agora e faça um novo futuro!

Deia Barbieri

DIOVANY MACARIO

Diovany Macario, 22 anos, nascido em Goiânia/GO e residente em Araguaína/TO.

Mentor, escritor, palestrante e empresário, com mais de 40 barbearias com vidas transformadas no Brasil e mais de 80 barbeiros formados do iniciante básico ao avançado.

Vim do zero, enfrentei vários desafios e me tornei um homem próspero graças a um desejo ardente e persistência.

diovanymacario

diovanym1@gmail.com

OS SEGREDOS DA ALTA PERFORMANCE

06 NADA SUPERA A PERSISTÊNCIA

Por Diovany Macario

2020, o ano da pandemia! Lojas fechando, pessoas confinadas em casa, pânico na mídia — a situação era caótica! Eu, um jovem de 18 anos, comecei ali meu sonho. Meu pai, com quem morava, já havia passado por vários términos de relacionamentos, separou-se mais uma vez e voltou para o Goiás, sua terra natal.

Já havia presenciado vários fins de relacionamentos e, dessa forma, eu não conseguia criar raízes em um local, estava cansado, pois já havia sido adotado quando criança, morado de favor na infância e, aos 15 anos, enfrentei meu primeiro desafio de morar sozinho.

Dois anos depois, voltei a morar com meu pai, na cidade de Araguaína, onde se separou mais uma vez e assim deixou a cidade anterior. Dessa vez, resolvi ficar, e sua ex-companheira aprovou minha decisão e me permitiu morar com ela.

Com 17 anos, meu primeiro trabalho na cidade foi como servente e chapeiro em uma lanchonete noturna. Meu salário mensal era de aproximadamente 800 reais. Eu estudava de manhã e pela tarde cortava os cabelos dos amigos.

Aperfeiçoando minhas habilidades assistindo a vídeos do YouTube, apaixonei-me pela profissão de barbeiro e decidi que não iria embora da cidade, mesmo com a pandemia assustando a todos.

Meu pai se casou novamente e as coisas não ficaram boas para mim na casa da sua ex-companheira, pois ela havia me permitido ficar com esperanças de que meu pai um dia voltasse e, quando percebeu que não iria acontecer, a minha presença ali dentro se transformou em pesadelo. Foi quando saí de casa e decidi alugar uma quitinete, onde comecei a atender como barbeiro em casa, o pontapé inicial.

Com um bom trabalho, fui ganhando relevância no mercado e, mesmo em casa, as pessoas continuavam a cortar o cabelo comigo. As dificuldades ainda rondavam, mas foi ali, naquela quitinete, que a barbearia @provinciastudio foi fundada.

As coisas começaram a melhorar. Apesar de ser um jovem barbeiro, decidi começar minha barbearia mesmo sem conhecimento de negócios, o que me trouxe muitos obstáculos, mas que nunca me fizeram desistir, e é sobre isso que você vai aprender comigo no decorrer deste capítulo.

Um ano se passou e minha barbearia começou a ganhar forma, saiu da quitinete e a localizei próximo ao centro da cidade. O problema era que, mesmo com o crescimento, ainda enfrentava muitos problemas financeiros na barbearia e na minha vida pessoal. Não sobrava dinheiro para nada, as contas me sufocavam, não tinha estrutura e nem conforto, minha qualidade de vida ainda estava precária. Cheguei a vender uma de minhas máquinas para pagar o aluguel. Mas, como já havia vindo de uma vida difícil, desenvolvi resiliência. Foi quando contratei um barbeiro para me ajudar com o crescimento da clientela, o que deu muito certo, e com o tempo mais um, e mais um. Assim começamos a formar o time da Província Studio.

Agora que já não trabalhava sozinho, veio mais um grande desafio: a gestão de pessoas. Meus barbeiros chegavam atrasados, não havia ordem, não tinha controle sobre o dinheiro que entrava e saía, alguns clientes saíam insatisfeitos com o atendimento, e isso estava me tirando o sono. Estava diante de um enorme problema, o que retardou nosso crescimento por mais 1 ano.

Nesse período, tracei um objetivo para a minha vida, queria me tornar um homem próspero. Assim, comecei a me afastar das amizades que não me acrescentavam positivamente, a compartilhar minhas metas e sonhos com os clientes que se sentavam na barbearia. Fernando, por exemplo, era um dos meus clientes mais bem-sucedidos e me fez várias críticas construtivas, que me ajudaram a chegar mais perto do meu objetivo de me tornar o homem que almejava ser.

Nesse período, também passei por um período de término de relacionamento que durou um mês, quando me perdi nas noites. Foi quando, em uma segunda-feira de atendimentos, depois de um fim de semana insano, percebi que havia gastado todo o meu dinheiro com coisas fúteis, enquanto me faltava o básico, como uma boa luz para fotos profissionais.

Mais uma vez, me vi fugindo do meu propósito e dos meus objetivos. Então, levantei-me mais uma vez e fui em busca de mais conhecimento. Assistindo a um *podcast* do Caio Carneiro, em que ele falava de seu livro *Seja foda*, me despertou o interesse e assim li meu primeiro livro.

A primeira coisa que aprendi foi: o primeiro passo para uma mudança é tomar consciência do erro. E a partir dali as melhorias na minha barbearia começaram a surgir: troquei cadeira, espelhos e sofás; a empresa estava começando a tomar forma. Assim, meus olhos brilhavam e sentia que estava no caminho certo.

Comecei a juntar dinheiro para uma mudança de ponto. E, com alguns meses de trabalho e mentalidade diferente, levantei um capital de vinte mil reais na conta. Fiquei eufórico! Encontrei um novo ponto para fazer a mudança e crescer ainda mais minha empresa, porém enfrentei mais um desafio: um acidente de carro que levou todo o meu recurso. Fiquei abalado, mas a àquela altura do campeonato, nada mudaria meu desejo ardente de chegar aonde queria.

Depois desse triste episódio, liguei para o proprietário do novo ponto que iria alugar e apresentei uma nova proposta, já que precisava do ponto. Estava chegando dezembro, que seria seu meu melhor mês de trabalho, pedi para que me deixasse mudar e em janeiro pagaria os dois aluguéis acumulados. O proprietário aceitou o acordo e assim nós mudamos.

Até aqui, você pode perceber alguns desafios que provaram minha persistência, mas, nesse momento de mudança de ponto, veio mais um desafio: a mudança de público.

Com um desejo definido de prosperar, minha barbearia tomou forma e começou a atrair clientes renomados da cidade. No entanto, não tínhamos um atendimento padronizado nem uma cultura organizacional. Isso veio porque eu não era organizado, não tinha disciplina. Comecei a anotar e pontuar todos os pontos a serem melhorados, tendo consciência dos erros. Dizia para mim mesmo "todos nós estamos onde merecemos estar". Se eu não me achar merecedor de estar onde eu estou, preciso mudar meus hábitos, meu ambiente e, novamente, minhas amizades.

Li um livro que mudou a forma como eu via o mundo: *Mais esperto que o Diabo*. Esse livro relatava que somos o que acreditamos verdadeiramente ser, e que todo fracasso carrega consigo a semente de um sucesso equivalente ou maior. Comecei a acreditar e a falar todos os dias: "vou ser rico, vou ser próspero", várias vezes. Escrevia em quadros, cadernos e comecei a ter clareza, reforçando isso dia após dia. A cada dia que se passava, isso se tornava mais forte!

Comecei a compartilhar com meus amigos, colocando-me em uma posição de dever. Isso me ajudou bastante, e me ajuda até hoje!

Com o novo *mindset*, comecei a me apaixonar por estudar e me desenvolver.

Busquei cada vez mais conhecimento especializado e entendi que o que estava segurando o crescimento da minha empresa era minha ignorância de não buscar ajuda. Foi quando encontrei meu primeiro mentor, Will Ferrazi. Ele me mostrou como era o atendimento de uma empresa, como delegar as funções para os profissionais parceiros, como dar *feedback* e como ter uma gestão na qual faria meu caixa com entradas e saídas. Foi um divisor de águas.

Ainda precisava desenvolver mais minha mentalidade. Afinal, eu precisava motivar o meu time e, para isso, eu precisaria ser uma pessoa que transmitisse esse motivo para que eles me seguissem. No entanto, eu ainda estava procrastinando com os meus afazeres. Entendi que, para eu sair da procrastinação, teria que mudar os pequenos hábitos, desde a minha casa, da mais simples tarefa, como lavar uma louça.

Sabe aquele momento em que sua esposa dúvida de você, ou sua família ou seus amigos? Isso vem dos pequenos fracassos que você mesmo comete, por exemplo, falar que vai lavar as louças quando chegar do trabalho e não lavar, quando você fala que vai passear com o cachorro e não passeia ou quando fala que vai arrumar a cama ao acordar e não arruma. Como esperar que alguém acredite em você quando diz que vai bater sua meta do mês, que vai fechar uma venda que tanto queria ou até mesmo que vai trocar de carro no final do ano e não faz? Já parou para pensar que esses pequenos fracassos fazem você acreditar que de fato um fracassado?

Então, a primeira coisa que fiz foi começar com as pequenas tarefas dentro de casa: comecei a me sabotar para conseguir realizar as tarefas que disse que iria fazer. Como assim me sabotar? Quando queria procrastinar a lavar as louças, eu me enganava dizendo a mim mesmo que lavaria só as colheres, e aí dizia que lavaria só os pratos e, depois, os copos e, por fim, as panelas. Olhava para o lado, o fogão sujo, dizia que só ia limpar as grades e depois as peças por cima das chamas e, quando me dava conta, *"voilá"*, já tinha limpado toda a cozinha. Trocava o lixo e, por fim, o dever estava completo.

Comecei com essas pequenas coisas como, por exemplo, ir à academia às 5h a.m. Eu me autossabotava para não procrastinar; o despertador tocava e eu com aquele sono dizia para mim mesmo: "só vou ao banheiro"; quando terminava dizia: "só vou escovar os dentes"; e depois" só vou calçar o tênis"; e, por fim, já estava indo para academia. Fui vencendo esses pequenos fracassos e comecei a treinar a minha mente a fazer o que deveria ser feito, e minha voz começou a ter mais peso sobre as pessoas. Agora, todos começavam a acreditar quando eu dizia que de fato iria fazer alguma coisa. Coloquei-me em um estado que também comecei a acreditar mais em mim, porque sabia que iria fazer. Isso de fato mudou a minha vida, entender isso me fez conquistar grandes feitos.

Mas, afinal, o que é procrastinação? É evitar a ação.

Há 2 tipos de procrastinador:

— o procrastinador relaxado;

— o procrastinador tenso e nervoso.

O relaxado é você fugindo das suas atividades do seu dia, que são dois tipos: as que lhe dão prazer e as que não lhe dão prazer. O que o procrastinador relaxado faz? As que dão prazer e procrastina as que não dão prazer.

Dica para o procrastinador relaxado:

você vai ressignificar as suas atividades para extrair o máximo de dopamina e prazer do que faz, então a sacada é: comece a trabalhar com o que gosta ou ressignifique o que não gosta. Hoje eu faço aquilo que me dá prazer e, quando você trabalha com aquilo que lhe dar prazer, cadê a procrastinação?

Aquilo que eu não gosto, eu delego. No começo, você vai fazer um monte de coisa, mas quando aprender a ressignificar a sua agenda, você muda o jogo.

Como assim? Comece o seu dia com as tarefas mais difíceis e que lhe dão menos prazer e vá caminhando no decorrer do dia para as tarefas mais fáceis e leves.

O seu corpo sempre buscará equilíbrio. Se você começa o seu dia mandando muito prazer barato para ele, como colocar o despertador na soneca, levantar e não dobrar a roupa de cama, não escovar os dentes, está mandando prazeres momentâneos baratos para o seu cérebro, então o que ele vai fazer no final do dia? Buscar o equilíbrio. Você mandou muita dopamina e prazeres baratos, assim começam a vir o mal-estar e a punição equilibrando no final do seu dia. Vem aquela sensação de que você poderia ter feito mais e se dá conta que só procrastinou. Da mesma forma ocorre quando você começa com as tarefas que dão menos prazer, por exemplo: acordar às 5h a.m. e tomar um banho de água gelada.

Você está mandando estresse para o seu cérebro. Então, vai para a academia e começa a se exercitar, mais estresse para o seu cérebro; depois aquela tarefa que estava pendente, mais estresse; e, ao final do dia, começa a vir a recompensa. Novamente o seu cérebro buscando equilíbrio, aquela sensação de dever cumprido, de que fez o que deveria fazer.

O tipo dois — nervoso e tenso — é aquele cara que sabe o que tem que ser feito e que gosta de fazer, só que acha que o nível de desafio é alto, então o que ele começa a fazer é adiar. Vai ficando nervoso e tenso e só deixa para fazer no dia anterior.

Sabe aquele cara que tem um TCC para entregar e só começa a fazer um dia antes da data de entrega? Aquela pessoa que tem uma tarefa para fazer, fica com medo, começa a ficar ensaiando por semanas, e deixa para fazer em cima da hora?

Dica para a procrastinação: acordou, pegue a sua agenda, comece do mais difícil para o mais fácil. A coisa que menos quer fazer e a primeira que você vai fazer.

A pessoa que liga o hiperfoco, dá tudo de si nos últimos minutos do segundo tempo e entrega, o que ela deve fazer?

A melhor maneira é adiar o prazo. Como assim? Se tem que entregar um trabalho em 30 dias, autossabote-se dizendo que vai entregar em 15 dias. Isso o coloca em uma zona de estresse e é aí que ele entra com o hiperfoco e entrega no prazo.

Anote estes passos e você mudará em alguns meses seus resultados;

1- tome consciência dos erros para ter mudança;

2- torne isso uma dívida pública;

3- conte seus planos para os amigos em quem você confia;

4- deixe seus objetivos à vista, escreva-os em algum lugar;

5- limpe suas distrações, amizades e ambientes;

6- cuidado com os pequenos fracassos.

Com o tempo, mudando esses hábitos em minha vida, os resultados na empresa foram só crescendo. Menos de um ano depois dos estudos e mentorias, abrimos a segunda unidade. Tenho que lhe contar que é mais simples do que você imagina, quando entende como performar em cada área da maneira que deve ser.

Então, vamos lá aprender a performar nos negócios!

Quando fui melhorando o meu ciclo de amizades, comecei a andar com empresários e empreendedores que mudaram muito a minha forma de pensar.

Como se conectar com essa galera se você não tem o mesmo *mindset*?

Muito simples. Tem um velho ditado que diz: "aves da mesma plumagem voam juntas". Levando ao pé da letra, assim você não andaria com essas pessoas, não é mesmo? Errado. Estamos no século 21, quando podemos escutar conversas de palestrantes, donos de multinacionais, atletas de alta performance, e por aí vai, isso tudo em *podcast*.

E foi o que eu fiz para entender como eles pensavam, comecei a estudar com *podcasts* de empreendedorismo para obter o *mindset* e conseguir me relacionar com outros empresários também.

O melhor lugar para encontrar outros empresários e conseguir fazer um *networking* sem ter um custo muito alto é na academia. Imagine quanto não valeria uma hora de um cara como esse? E quanto será que é uma mensalidade na academia mais cara na sua cidade? Será que valeria a pena pagar para ficar 30 dias ao lado dessas pessoas, intencionalmente? Eu acredito que sim.

Pois bem, mudando meu *mindset* e estando em lugares que me trariam benefícios de alguma forma, facilitando, assim, o acesso às pessoas que poderiam me ajudar, entendi que as empresas não performam por falta de processos, tenham elas o tamanho que tiverem, desde um MEI que trabalha sozinho a uma empresa com 10, 20, 50 funcionários. O que aprendi é que, para que eu conseguisse rodar e performar, precisava mapear os processos passo a passo de como gostaria que funcionasse. Foi dessa forma que consegui escalar meu negócio até a abertura da segunda unidade.

É muito complicado você performar quando o funcionário é apenas instruído a atender bem e dar o seu melhor, quando você deveria entregar um padrão de atendimento.

Então, como performar? Sabe quando você encontra um Burger King na sua cidade, pede um lanche e ele vem exatamente idêntico ao do BK em que pediu em uma cidade do outro lado do mundo? A mesma quantidade de molho, a mesma quantidade de fatias de tomates e o mesmo ponto da carne. Pois é, esses são os processos que fazem o BK performar.

Eu sei que pode parecer muito complexo e que neste momento pode estar tudo bagunçado na sua cabeça. Muitas vezes, também fiquei assim quando comecei a querer performar. Como já havia falado sobre o ambiente, que ele pode lhe alavancar ou lhe puxar, quero ressaltar que o ambiente está ligado a tudo, não só aos seus amigos ou familiares.

Nesta geração que estamos vivendo, que consegue acordar e dormir vendo a vida de outra pessoa por meio de uma tela de celular, sem que você perceba, isso impacta diretamente no seu ambiente.

Sabe aqueles amigos que você segue que só postam imagens saindo aos fins de semana, bebendo e sem nenhuma rotina? Quando você acompanha esse tipo de perfil, às vezes, está mais presente na vida deles do que de quem está ao seu lado. E como isso impacta diretamente no seu dia e em suas tomadas de decisões?

No meu caso, eu gostava de dar cursos aos domingos e, quando chegava o fim de semana, via o pessoal saindo e postando foto em piscinas ou até mesmo descansando, desanimava e tendia a procrastinar.

Comecei a mudar quem eu seguia nas redes sociais, dei um limpa de fato e, dessa vez, quando chegava aos fins de semana e via a galera estudando, desenvolvendo-se, ministrando cursos, palestrando, isso me tirava do conforto, sentia-me na obrigação, também, de começar a ficar mais ativo e buscar meios de estudar para me desenvolver e de dar algum curso ou treinamento.

Neste momento, pode ter dado um estalo na sua mente. Agora você entendeu de fato como pode manipular o seu ambiente para entrar em performance.

Então, assim que finalizar este capítulo, sugiro que você comece a prestar mais atenção nas pessoas que estão no seu ambiente, tanto no seu físico, como no seu digital.

Quando comecei a fazer isso, comecei a aumentar mais ainda a minha produtividade. Quando nos colocamos em um ambiente de alta performance, nós nos sentimos na obrigação de performar também, queremos ser pertencentes ao um bando. E, quando você define aonde você quer chegar, bem como manipula, de certa forma, o seu ambiente, fica mais fácil fazer aquilo que, às vezes, não estaria dentro do que já estava acostumado a fazer.

Mudei meu ambiente, mudei quem eu acompanhava nas redes sociais, mas ainda faltava alguma coisa para que conseguisse concretizar meu objetivo: ter clareza de onde eu queria chegar não era apenas ter consciência. Lembra daquele quadro em que disse que escrevia aonde eu queria chegar? Pois é! Nele eu coloquei as metas aonde eu queria chegar e como. E vou lhe mostrar agora como criar essas metas.

O que a meta tem que ter?

Use a ferramenta Smart. Pergunte-se:

- É especifica ?
- É mensurável?
- É alcançável?
- É relevante?
- Ela tem temporalidade?

Como faço para atingir essa meta ?

– Objetivos

Tenha um objetivo claro com data de início e de término.

Exemplo: ter 30 mil reais guardado até 12/12/2024.

— Realidade

Tenha consciência, seja sincero com você mesmo e não minta sobre a sua realidade atual.

Exemplo: 0 reais guardados com 1 mil reais de dívidas.

— Opções

O que você pode mudar ou fazer para chegar até a meta?

Exemplo: buscar educação financeira.

— O que, quando, como?

Último passo: plano de execução para chegar ao objetivo.

Exemplo: guardar e investir todos os meses.

Vou deixar aqui um exercício para você fazer hoje mesmo:

Liste 25 coisas que você quer fazer e que tenha como meta, depois tire 20 das que acha que não precisa. As que sobrarem serão as que você vai atacar com todas as suas forças.

O que a ciência sabe sobre metas?

- Que poucas metas são melhores que muitas metas.
- Que metas ambiciosas são melhores que metas poucas ambiciosas.
- Que metas específicas dão de lavada em metas abstratas.

Exemplo: no ano de 2024, quero juntar mais dinheiro (abstrata).

Neste ano, quero ter 100 mil reais até 14 de dezembro (específica).

Por que há pessoas que não batem metas?

1. Há pessoas que não sabem criar metas.
2. Há gente que não se importa.
3. Há gente que acha que vai fracassar.

Não vou lhe dizer, pois pode não dar certo. Minha mãe disse que não devo contar meus sonhos para ninguém! Por isso, trabalho no escuro.

Mas a ciência provou o inverso! A ciência conta que, se você conta seu sonho para outra pessoa, aumenta em até 80% as chances de concretizar seus objetivos.

Bem, isso foi o que eu fiz, e 80% dos meus mentoreados que aplicaram exatamente da maneira que relatei tiveram excelência nos resultados. Se você conseguiu entender, sugiro que aplique tudo o que aprendeu por aqui, mude sua realidade e se torne uma pessoa de alta performance.

Lembre-se: "Todo mundo estar, onde merece estar".

Você está satisfeito com a sua realidade?

Todo mundo está onde merece estar.

Diovany Macario

FABIO MORASSI TOLEDO PIZA

Sou Fabio Morassi Toledo Piza, conhecido como Morassi, tenho 42 anos e sou filho de Maria Helena e Laudelino. Sou esposo, companheiro e amigo fiel da minha esposa Cristiane há mais de 20 anos e pai de 2 filhos: Henrique, com 12 anos, e da Isabella, com 5 anos.

Sou CEO de agência de performance, estrategista digital, palestrante, especialista comportamental, vendedor apaixonado por inovação e, acima de tudo, AMO preservar as amizades. Meu trabalho reflete minha paixão por transformar desafios em resultados, unindo tecnologia e compreensão humana para alcançar excelência.

Adoro ter amigos, e as amizades que fiz durante minha vida me trouxeram aqui. Escrever este livro é a oportunidade de perpetuar meus conhecimentos e ajudar você, leitor, a enfrentar seus desafios pessoais e profissionais.

fabio.morassi

+55 (11) 995590662

OS SEGREDOS DA ALTA PERFORMANCE

07 ESCOLHAS DIFÍCEIS, GRANDES VITÓRIAS

Por Fabio Morassi Toledo Piza

Jamais pensei que estaria escrevendo este capítulo e compartilhando minhas experiências com você, leitor, portanto, quero que esta oportunidade seja aproveitada da melhor forma possível.

Deixe-se guiar pelas palavras que o conduzirão em uma nova jornada. Não é necessário absorver tudo de uma vez. Sublinhe as palavras que o farão seguir adiante. Principalmente se neste momento você estiver com algum problema pessoal ou profissional, eu espero mesmo que os próximos parágrafos transformem a sua vida.

Ao longo da minha jornada, há três aspectos fundamentais que inevitavelmente se fazem presentes: **cultivar amizades, exercer influência e contar com o suporte da família**.

Cultivar amizades é uma arte, um desafio que aceitei com gratidão. Fui abençoado por não enfrentar obstáculos nesse caminho, uma dádiva que atribuo à presença constante de meus pais, a uma vida familiar harmoniosa, e a uma vida social incrível.

Não sei quais batalhas você enfrentou, mas acredite: aplicar, dia após dia, os *insights* que estou prestes a compartilhar pode começar a transformar sua realidade.

E acredite: os laços de amizades são importantes para que você tenha uma relação forte consigo mesmo, pois busca nas pessoas ao seu redor o que quer para si.

Pare e pense nas pessoas que o cercam, entenda onde elas estão neste momento e procure entender como elas chegaram onde estão, como elas realizaram seus sonhos, se é que chegaram a algum lugar ou realizaram os seus sonhos.

O que você vê ao seu redor? São essas as cores que quer pintar em sua própria vida?

Nossas amizades são o espelho em que nos vemos refletidos.

O poder oculto das conexões humanas

A Neurociência explica como somos influenciados por nossas amizades, afinal, as conexões sociais são responsáveis pela modelagem de nosso comportamento, emoções e até mesmo na estrutura de nosso cérebro.

Nosso cérebro contém neurônios-espelho que nos ajudam a entender e imitar o comportamento dos outros. Quer um exemplo? Quando eu era adolescente, uma colega de escola começou a escrever um diário. Assim que chegou com ele à escola, as demais imitaram o comportamento e começaram a escrever também.

Outro exemplo de influência desses neurônios são nossas aprendizagens quando criança. Nossos pais nos mostram como realizar uma ação e nós a repetimos.

Esse processo de repetição acontece também por meio do contágio emocional. Estudos mostram que até nossas emoções podem ser compartilhadas: passe muito tempo com alguém que está infeliz ou otimista e vai perceber que você é contagiado por estes sentimentos.

Pense como as amizades moldam seus hábitos, para o bem ou para o mal.

Você já parou para pensar nas pessoas que o cercam? Suas amizades possuem um estilo de vida ativo ou sedentário? Eles fumam, bebem demais, vivem uma vida de exageros ou são estudiosos, obstinados e saudáveis? Se seus amigos têm um estilo de vida ativo, é muito provável que você também tenha. Da mesma forma, o contrário também é verdadeiro.

Como mencionei, as amizades que fiz até aqui foram essenciais na minha trajetória. Elas desempenham um papel crucial não apenas ao me guiar até aqui, mas também servindo como uma fonte inesgotável de inspiração e suporte na minha busca pela alta performance.

Elas me incentivaram a superar limites e alcançar objetivos que antes pareciam inatingíveis, revelando segredos de disciplina, foco e resiliência.

Estou ansioso para compartilhar com você, leitor, os segredos revelados por esses amigos e pelos meus aprendizados, para permitir que você também usufrua sem limites dessas estratégias e alcance a alta performance em sua própria jornada.

Segredo #1

Entre sonhos e sacrifícios: a arte de construir um legado

Daqui em diante, é fundamental que você compreenda como sua jornada pessoal contribuirá para moldar a pessoa que você deseja ser. Deixe para trás o passado, incluindo dificuldades, abusos, mal-entendidos e qualquer sentimento de desprezo, ódio, ansiedade, arrependimento, desespero, ofensa ou humilhação.

Neste momento, assuma a responsabilidade por suas ações. São elas que o conduzirão a um novo patamar de entendimento, respeito, perdão, otimismo e uma autenticidade profunda em seu coração.

Embora eu sempre tenha exercido influência em minha rede de relacionamentos, permaneci preso à mentalidade convencional durante anos: estudar, seguir uma carreira formal ou passar em um concurso público, aposentar-me para então viver uma vida serena e ter um fim pacífico no sono.

Mas, quando resolvi pensar fora da caixa e deixar de seguir a boiada, enfrentei muitos desafios.

O primeiro deles foi em minha própria casa: sair do tradicional emprego de carteira assinada para empreender foi desafiador. Tive que abdicar de muitos momentos em família, passeios, horas de companhia de meus filhos e da minha esposa, mas digo a você que está tudo bem, porque eu estou disposto a pagar o preço.

Deixar o tradicional e embarcar em uma jornada empreendedora foi um processo de dois anos e meio que, olhando para trás, posso afirmar com convicção: valeu cada momento!

Como gerente de operações, meu dia a dia, das 8h às 17h, era preenchido com responsabilidades gratificantes, liderando uma equipe incrível e desfrutando dos benefícios de um emprego considerado estável, como 13º salário, bônus, férias e FGTS –, mas eu não estava feliz.

Fora do expediente, meu tempo era dedicado à família, embora, muitas vezes, só pudesse realmente estar com ela após as 19h. Quando as crianças se recolhiam às 21h, a vida a dois era relegada a um segundo plano, já que me dedicava ao computador para tocar meu projeto pessoal de empreender, muitas vezes até as 2h ou 3h da madrugada.

Quem testemunha o sucesso presente dificilmente percebe as adversidades enfrentadas para alcançá-lo ou a extensão dos sacrifícios que ainda estou pronto a fazer para superar limites, pois permanecer na mediocridade não construirá um legado marcante.

Influenciar pessoas para compartilharem dos seus sonhos é começar com a sua parceria ou seu parceiro, pois é fundamental tê-lo(la) ao seu lado nessa jornada.

Ao longo de mais de quatro anos, observei uma transformação significativa na minha rede de relacionamentos; muitos "amigos" se afastaram, e eu entendi que não é necessário influenciar todos ao seu redor para ter apoio.

E é muito provável que você não terá apoio!

Mais uma vez, a Neurociência explica: o desejo de pertencer e ser aceito em um grupo geralmente vai nos levar a conformar suas opiniões e comportamentos para os do grupo, mesmo que isso vá contra suas crenças ou comportamentos anteriores.

Cuidado com quem se relaciona. Esse relacionamento pode levá-lo ao sucesso ou ao fracasso.

Segredo #2
Alicerce de amor: o papel transformador da família na vida pessoal

Uma das prioridades da minha vida é a minha relação com a família, palavra que tem uma origem etimológica interessante, que nos fará viajar à Roma Antiga.

Ela deriva do latim *"famulus"*, que originalmente significava "escravo doméstico". Naquele tempo, a "família" romana era composta por todos que viviam sob a autoridade do *"pater famílias"*, chefe de família, e isso incluía inclusive escravos, servos e os clientes.

Mais tarde, a palavra família acabou agregando apenas membros de mesmo sangue e seus cônjuges, o que nos leva a refletir sobre a importância da família na sociedade contemporânea, não mais como uma instituição baseada na autoridade e na propriedade, mas como **um núcleo de apoio mútuo, afeto e desenvolvimento pessoal**.

E assim, o desejo de cuidar da minha família, nasce de uma compreensão profunda de que **a família é o alicerce da minha vida**, é o primeiro ambiente em que aprendemos sobre amor, respeito, cooperação e resiliência.

Vou compartilhar uma experiência pessoal dos meus 18 anos para ilustrar por que a família — e não estou me referindo apenas a pai e mãe — representa o alicerce fundamental e por que nunca se deve abandoná-la.

Eu tive uma namorada que sofria com um relacionamento abusivo do próprio pai, autoritário, controlador, machista, manipulador, agressivo e que gastava todo o dinheiro dela em bebida, pois era alcoólatra. Às vezes, eu a encontrava com hematomas, algumas vezes ela tentou denunciá-lo, mas o medo era mais forte.

Para mim, era uma mistura de emoções, uma mistura avassaladora de impotência e raiva que me consumia por dentro. Eu queria denunciá-lo, mas o medo de causar mais dor me paralisava.

Eu questionava por que eu havia escolhido aquele ambiente para mim, (olha só o que falei sobre ambiente no segredo #1) e pensava a todo momento que eu não precisava estar ali, afinal era só acabar a relação e pronto, eu seguiria com minha vida, e ela com a dela.

Com o passar do tempo, eu entendi que tudo o que vivi durante os anos que ficamos juntos tinha um propósito: eu era a ponte que poderia fazer com que aquele relacionamento abusivo acabasse, e realmente a situação foi ficando mais leve, pois, com frequência, eu estava ali, e o pai dela, não abusava dela e dos irmãos enquanto eu estava lá.

Naquele instante, eu, os irmãos, a avó dela e meus pais constituíamos sua família. Creio que, ao longo daqueles anos, todos ao seu redor empenharam-se ao máximo para proporcionar-lhe a melhor família possível.

Acredito que Deus me colocou naquele caminho para que algo de bom acontecesse naquela família, que mais tarde perdeu aquele pai para a cirrose hepática.

A força da família não reside na perfeição de quem faz parte, mas na capacidade de superar as adversidades juntos, transformando as dores em laços inquebráveis de amor e suporte.

Segredo #3
Além da determinação: a força da cooperação e do apoio no alto desempenho

Para mim, os valores familiares e as experiências dentro desse núcleo serviram como catalisadores para o desenvolvimento de uma mentalidade voltada à excelência e ao alto desempenho em diversas áreas da minha vida.

Observe atentamente as palavras que mencionarei a seguir, pois elas são cruciais para quem almeja alcançar a alta performance.

Resiliência: este atributo é fundamental para quem persegue o alto desempenho. A resiliência nos capacita a confrontar desafios e transcender obstáculos, preservando a determinação em nossas metas.

A experiência compartilhada sobre minha decisão de sair do emprego tradicional ou mesmo sobre o relacionamento abusivo ilustra uma lição poderosa sobre a resiliência.

Cooperação e apoio: ao refletir sobre minha jornada, percebo que raramente estive sem o suporte e a colaboração necessários para perseguir meus sonhos. Esses elementos criam um ambiente propício ao sucesso, especialmente em contextos competitivos e desafiadores.

É um equívoco pensar que alcançar altos níveis de desempenho é uma jornada solitária. Olhando ao redor, é provável encontrar alguém, seja um conhecido ou mesmo um estranho, disposto a orientar e apoiar no processo.

Frequentemente, o sucesso emerge de uma rede de apoio que nos motiva a continuar, oferece novas perspectivas e contribui para nosso desenvolvimento.

As experiências que vivenciei servem como lembrete de que, nos momentos mais árduos, a força não vem apenas de nosso interior, mas também do encorajamento daqueles que nos cercam.

Amor e respeito: a autoestima e a consideração pelos outros orientam nossas escolhas e comportamentos, criando um ambiente propício ao crescimento conjunto.

Nutrir amor-próprio e altruísmo é crucial para sustentar a motivação e o entusiasmo em nossas empreitadas, elementos essenciais na busca pela excelência.

Assim, a relação entre essas palavras e o desejo por excelência deve ser aprofundada pela resiliência cultivada diante dos obstáculos, pela cooperação e suporte mútuo como pilares do desenvolvimento, e pelo amor e respeito como valores orientadores rumo ao sucesso.

Os valores familiares e as experiências de resiliência, cooperação, apoio, amor e respeito moldam uma jornada de excelência e alto desempenho, destacando que o sucesso verdadeiro floresce num terreno fértil de suporte mútuo e autoestima elevada

Após ler essas palavras, você, caro leitor, pode estar se questionando: afinal, como posso alcançar mais sucesso, tornar-me um empresário de destaque, aumentar minha renda e viver uma vida rica e plena?

A chave para essas questões reside em uma reflexão profunda: o que tudo isso realmente significa para você? O que define um empresário de sucesso?

Para alguns, pode ser possuir múltiplas empresas e ter seu nome vinculado a diversas marcas; para outros, pode significar alcançar um faturamento específico mensal ou simplesmente conseguir independência da CLT, mantendo seu próprio negócio por mais de cinco anos.

Será que ter mais dinheiro é a solução para todos os seus problemas?

Como você reflete sobre o tema "dinheiro"? E o que significa para você ter uma vida plena?

As respostas são pessoais e únicas. Mais uma vez, enfatizamos como a mentalidade pode se transformar ao longo do tempo, influenciada pelo círculo social em que você se insere.

Permita-me compartilhar um exemplo prático da minha vida, ilustrando a mudança de mentalidade.

Estou casado há 16 anos, mas meu relacionamento com minha esposa já dura 20 anos. Durante todo esse tempo, ela sempre foi o pilar intelectual da relação: analítica, introvertida e a voz da razão.

Por outro lado, sou o executor, impulsionado pelo desafio, crendo firmemente que nada é impossível. De fato, ao longo da minha vida, sempre alcancei o que desejei.

Contudo, vivenciamos uma situação emblemática quando fomos adquirir nosso primeiro carro zero, pouco antes do casamento. Eu desejava o modelo mais completo da concessionária, equipado com MP3, vidros elétricos, de estilo esportivo e com motor 1.8. Ela, preocupada, fazia as contas, tentando ajustar o valor das parcelas ao nosso orçamento, mas sem sucesso.

Eu estava convencido de que conseguiríamos arcar com as parcelas, mas ela não compartilhava da mesma certeza. No fim, optamos por um carro com menos acessórios e motor 1.4, uma escolha intermediária que não satisfazia plenamente nem a mim nem a ela.

Mas sabe de uma coisa? Se tivéssemos optado pelo carro mais caro, teríamos conseguido pagar. Por quê? Porque, ao acessarmos o senso de merecimento e experimentarmos o que é bom, enviamos ao cérebro a mensagem de que aquilo é excelente, e, automaticamente, desejamos mais dessa sensação. Esse desejo é semelhante ao provocado pelo cigarro ou por outras substâncias ilícitas.

Imagine se estivéssemos inseridos em grupos que pensam de maneira distinta da maioria. Talvez, sob essa influência, teríamos optado pelo carro mais caro, mesmo sem a segurança financeira imediata para isso. Não estou incentivando a adoção de uma postura imprudente em relação às finanças. Contudo, o ponto crucial aqui é reconhecer como o ambiente e as companhias que escolhemos nos influenciam profundamente, não apenas em nossas decisões imediatas, mas também em nossa visão de mundo e nas metas que nos propomos a alcançar.

Estar envolvido em um ambiente que desafia o *status quo*, em vez de nos concentrarmos no que nos falta no momento, motiva-nos a buscar soluções criativas, encoraja-nos a pensar em como podemos gerar mais renda, inovar ou até mesmo empreender novos projetos que, eventualmente, nos permitirão satisfazer nossos sonhos e aspirações.

É uma mudança de mentalidade de uma perspectiva de escassez para uma de abundância, focando não nas limitações, mas nas possibilidades.

Essa abordagem não se trata de fazer escolhas irresponsáveis, mas sim de expandir nossa capacidade de sonhar e, mais importante, de buscar ativamente os meios para realizar esses sonhos.

A mudança de mentalidade proposta aqui incentiva a resiliência, a criatividade e a determinação em face dos desafios, transformando obstáculos em degraus para alcançar nossos objetivos mais elevados.

Esse exemplo ilustra como, ao expandir nossa zona de conforto e nos permitir experimentar o melhor, redefinimos nossas crenças sobre o que merecemos e somos capazes de alcançar.

Assim, encorajo você a refletir sobre suas próprias barreiras mentais e questionar: "o que realmente é possível para mim?".

Permita-se sonhar mais alto e, então, mobilize-se para tornar esses sonhos realidade.

O desafio é cultivar uma mentalidade que, mesmo diante das limitações momentâneas, **sempre busca caminhos para superá-las**.

Não se trata de ignorar a realidade financeira, mas de **não permitir que ela defina o limite dos nossos sonhos**. Ao fazer isso, podemos descobrir que o caminho para satisfazer nossos sonhos **é mais acessível do que imaginávamos**, desde que estejamos dispostos a pensar diferente e a agir com coragem e determinação.

Ao longo deste texto, explorei temas como o ambiente ao nosso redor, a mentalidade que cultivamos, o valor da família e a importância dos sonhos.

Quero que perceba, mais profundamente, que o conceito de alta performance transcende a mera repetição dessas palavras. Ela reside, verdadeiramente, na força das suas crenças, na sua forma de agir diariamente e nas pequenas vitórias que, juntas, compõem a tapeçaria da sua vida.

Minha própria jornada para a liberdade da CLT foi pavimentada por inúmeras conversas com minha esposa. Hoje, ela é a primeira a investir nos nossos sonhos, a primeira a estender sua mão em apoio e a reconhecer a aspereza do caminho que escolhemos, um caminho repleto de sacrifícios e desafios.

Para mim, isso é a essência da alta performance: inspirar a pessoa mais importante da sua vida a compartilhar e acreditar no seu sonho com a mesma intensidade que você. É optar por sacrificar momentos de lazer, como viagens ou noites de sono, em prol de um objetivo maior que beneficiará não apenas a si mesmo, mas a todos ao seu redor.

E está tudo bem se você não vê as coisas da mesma maneira que eu. A beleza da nossa humanidade reside na diversidade de pensamentos e na liberdade de discordarmos uns dos outros. No entanto, se você começar a ver um vislumbre de verdade nas minhas palavras, não se sinta isolado ou culpado.

Quero que saiba que você não está sozinho nesta jornada. Existem muitos de nós, cada um à sua maneira, fazendo escolhas difíceis e pagando o preço necessário para transformar nossos sonhos mais preciosos em realidade.

Este texto é um convite para refletir sobre o verdadeiro significado de alta performance.

Não é apenas sobre alcançar objetivos grandiosos, mas sim sobre a coragem de fazer escolhas difíceis, a resiliência para superar obstáculos e a generosidade de compartilhar suas conquistas com aqueles que você ama.

É sobre reconhecer que, ao dar de si para um propósito maior, você está também recebendo algo inestimável em troca: a realização de que está vivendo uma vida alinhada com seus valores mais profundos.

Portanto, enquanto seguimos em frente, lembre-se de que a alta performance é um caminho pavimentado com amor, sacrifício e a crença inabalável de que, juntos, podemos alcançar o extraordinário. E, nessa jornada, a reciprocidade e a especificidade de nossas ações e intenções são o que realmente nos definem e nos elevam.

Por isso, deixei um presente para você aqui:

"A alta performance é alcançada com corações unidos, não só com mentes focadas."

Fabio Morassi Toledo Piza

@studioldrfotografia

FRANCINE CARRILLO

Sou Francine Carrillo, mas podem me chamar de Fran. Logo completarei 40 anos. Evangélica, empreendedora há mais de duas décadas, CEO visionária por trás da renomada Loja Donna Fran, graduada em Recursos Humanos, com especialização em *Coaching* e com uma sólida *expertise* na gestão de pessoas e no cultivo de equipes de alto rendimento. Minha motivação reside em fazer conexões e interagir com pessoas. Sou extrovertida, amorosa, determinada e, acima de tudo, filha do Eterno.

Nasci e cresci na cidade de São Roque/SP, conhecida como a terra do vinho. Tenho dois orgulhos que são verdadeiras bênçãos do Senhor em minha vida: Pedro Lucca e Maria Fernanda.

Minha paixão por Cristo é a bússola que guia minha vida.

frann_carrillo

+55 (11) 93268-8548

francine_carrillo@hotmail.com

OS SEGREDOS DA ALTA PERFORMANCE

08 IDENTIDADE

Por Francine Carrillo

Você sabe o que significa a palavra identidade?

Identidade é a essência única que nos torna quem somos. É o conjunto de características e experiências que nos distinguem como indivíduos únicos, incluindo nosso nome, data de nascimento, sexo, filiação e até mesmo nossa impressão digital. Portanto, temos também uma identidade em Cristo.

Além das histórias de empreendedorismo e superação, a questão da identidade permeia profundamente minha jornada. Descobrir quem somos e qual é nosso propósito é uma busca constante que molda nossas escolhas e direciona nossas ações. A identidade não se resume apenas aos nossos dados pessoais ou profissionais, mas abrange a essência de quem realmente somos, nossos valores, crenças e aspirações. Ao longo do caminho, aprendi que compreender minha identidade é fundamental para enfrentar desafios, superar obstáculos e alcançar o sucesso com autenticidade e integridade.

1 – O convite

E o de repente de Deus acontece!

Hoje, dia 27 de fevereiro de 2024, começo aqui a escrever uma nova história e, de início, recebo um convite inesperado. E agora?

Minha reação foi: "meu Deus, tem certeza? Eu mesma? Tem data para entregar?

Em cima da hora?". Mas a resposta foi sim. No meio de tantas mudanças, quantas histórias para contar, *flashs* de pensamentos e o que pontuar, sabe aquela mistura de emoções, dúvidas, até aquele medo e a pergunta "por onde começar?".

Uma semana após o convite, em cima da hora para efetivamente fechar a publicação e bater o martelo, o tema do livro — sim, estou falando deste livro que está em suas mãos —, *Os segredos da alta performance*, fez-me refletir e logo passou pela minha mente: "vou falar de qual história?".

De repente, meu coração queimou e senti aquela voz que vem de dentro e me fez, no mesmo instante, responder que eu falaria algo vindo da parte de Deus.

Mas não tinha ideia de por onde começar, então pedi ao Espírito Santo que me ajudasse nessa missão! Aí peguei meu celular e comecei a escrever, e a primeira frase que fez meus olhos brilharem foi que escreveria a partir daqui um novo começo. E vou relatar como tudo começou.

2 – Quem sou

Sou filha de um casal guerreiro, Dona Divina, a mais velha de sete irmãos, que desde cedo trabalhou muito para ajudar meus avós financeiramente com os irmãos mais novos, e Seu Roberto, que perdeu seu pai aos 11 anos de idade de uma forma muito triste e trabalhou desde muito cedo para contribuir com a sua mãe viúva com 5 filhos. E, assim, eles, com muita garra, construíram a minha família. Tenho uma irmã mais nova, a Fabiane, que é a minha riqueza. A base da minha vida é a minha família.

Desde cedo, meu coração se alegrava ao ajudar minha mãe nas vendas, transformando cada entrega de São Paulo em uma aventura com Dona Divina. Aprendi com seus passos e observando de perto. Na adolescência, já era uma sacoleira, cultivando amizades enquanto levava roupas aos clientes. Aos 17, em 2005, abri minha primeira loja. Desde então, sirvo meus clientes com excelência, honrando duas décadas de jornada.

2.1- Empreendedora: uma jornada de alta performance

Cada passo dessa jornada empreendedora foi impulsionado por uma chama interna, uma paixão que ardia em meu coração desde tenra idade. O gosto por vender e o orgulho que nutria pela minha mãe, uma mulher de garra, dedicada e honesta, moldaram meu caráter desde cedo.

Lembro-me vividamente dos dias em que acompanhava minha mãe em suas vendas, absorvendo cada detalhe e cada interação com os clientes. A energia pulsante, a agitação constante... tudo me cativava. Eu era aquela menina que ansiava por novidades, que buscava estar sempre próxima, sempre envolvida.

Minha trajetória no mundo dos negócios começou cedo, aos 11 anos, quando ingressei em uma empresa como guarda-mirim. Durante três anos, mergulhei de cabeça nessa experiência, aprendendo o valor do trabalho árduo e da dedicação incansável. Mesmo nessa fase inicial, minha mente empreendedora já se destacava, encontrando oportunidades para vender dentro da empresa e mesmo durante os intervalos escolares.

O desejo de ter minha própria loja crescia a cada dia, alimentado pela visão e determinação da minha mãe. E, quando chegou o momento, aos 17 anos, eu não hesitei. Decidi abrir minha própria loja, um sonho que ganhava forma diante dos meus olhos.

Encontrei o local perfeito, desbravei desafios burocráticos e financeiros, mas nada me deteria. Em 10 de agosto de 2005, inaugurava-se a loja Novo Pique, fruto de anos de preparação, trabalho árduo e fé inabalável.

As pessoas olhavam surpresas para uma jovem empreendedora abrindo seu próprio negócio, mas eu sabia que estava seguindo meu destino, impulsionada por uma força interior indomável. As dificuldades eram apenas obstáculos a serem superados, cada desafio era uma oportunidade de crescimento e aprendizado.

Hoje, olho para trás com gratidão e orgulho. A jornada não foi fácil, mas cada momento valeu a pena. Mais de duas décadas se passaram desde aquele dia memorável, e a loja Novo Pique se transformou na loja Donna Frann e continua a ser um símbolo de perseverança, determinação e excelência no atendimento aos nossos clientes.

Minha história é um testemunho do poder do sonho, da coragem de arriscar e da perseverança diante das adversidades. Sou uma empreendedora, uma guerreira, uma sonhadora que transformou seus anseios em realidade.

Que minha jornada inspire outros a abraçarem seus sonhos com fervor, a perseguirem seus objetivos com paixão e a nunca desistirem, mesmo diante dos maiores desafios. Pois, no final, é a determinação e o comprometimento que nos levam à verdadeira alta performance no desenvolvimento pessoal e profissional.

2.2 – Superando desafios: a jornada do emagrecimento

Após compartilhar minha trajetória como empreendedora e desvendar aspectos essenciais da minha identidade, é chegada a hora de abordar um desafio pessoal que moldou minha jornada: a superação em relação ao emagrecimento.

Tudo começou após o nascimento dos meus dois filhos. Nunca dei muita importância à minha aparência física, nunca me considerei vaidosa. Enquanto gerenciava minha loja e satisfazia meus clientes com roupas que realizavam sonhos, percebia que, comigo mesma, não nutria a mesma percepção de beleza.

A maternidade trouxe consigo não só alegria, mas também um aumento significativo de peso, que mantive ao longo dos anos. Aos 20 anos, dei à luz minha filha e, logo em seguida, o peso aumentou novamente com o nascimento do meu filho. A balança marcava 96 quilos, e foi somente em 2016 que me dei conta de que havia perdido minha própria essência.

Decidi então submeter-me a uma cirurgia de redução mamária, uma tentativa de reconectar-me comigo mesma. Ao consultar um médico, fui surpreendida com a recomendação de perder 10 quilos antes do procedimento. Essa exigência foi o ponto de partida para uma jornada de autodescoberta e transformação. Decidi buscar um *personal trainer* e adotar uma rotina de exercícios físicos, algo que nunca havia considerado antes. Foi assim que descobri a corrida.

A corrida não foi apenas um exercício físico, foi uma revelação, um despertar para algo novo e encantador. Enquanto percorria as ruas, sentindo o vento em meu rosto, fui emagrecendo e redescobrindo minha autoestima. Ao longo desse processo, encontrei motivação não apenas em minhas próprias conquistas, mas também no apoio e na inspiração que pude compartilhar com outras mulheres.

Em 2017, após uma mudança de hábito seguida de uma cirurgia de redução das mamas, eliminei 25 quilos. A corrida se tornou minha fonte de vitalidade. Cada vez mais buscando bater minhas marcas, participei de corridas de 5 a 21 quilômetros. O ápice foi alcançado em uma corrida conceituada: subir no pódio em uma corrida de 10 km e ainda na minha cidade trouxe uma confirmação pessoal. Ao longo de quase uma década, colecionei troféus e medalhas, buscando desafios e cuidando do corpo para alcançar a alta performance. Olho para trás como uma mulher transformada, em paz com meu corpo e mais feliz. Minha jornada inspira outros a acreditarem em si mesmos e a abraçarem a transformação pessoal.

Pois, no fim das contas, a verdadeira superação começa dentro de nós mesmos, na determinação para seguir adiante, na confiança em nossas capacidades e na crença de que somos capazes de alcançar nossos sonhos, por mais desafiadores que possam parecer.

3 – O segredo: desvendando o propósito

Ao nos aventurarmos pela vida, é natural que nos questionemos sobre o segredo para a prosperidade. Buscamos ansiosamente por respostas, por atalhos, por formas de evitar os erros e acelerar nosso progresso. No entanto, descobrimos que o sucesso não vem com um simples estalar de dedos. É um processo, uma jornada na qual devemos mergulhar profundamente, compreendendo cada passo, absorvendo cada lição, pois o verdadeiro ponto de partida reside no entendimento do nosso propósito.

O segredo, portanto, está em desvendar nosso propósito. Mas como encontrá-lo? Como saber se estamos no caminho certo? São questionamentos que ecoam em nossas mentes, muitas vezes sem respostas claras.

No entanto, descobri que, por vezes, a resposta está mais próxima do que imaginamos, aguardando apenas que tenhamos olhos para enxergar e coração para sentir.

Ao longo das quase quatro décadas, percorri caminhos tortuosos, vivenciei sucessos e fracassos, abri e fechei portas em minha jornada empreendedora. No entanto, em meio às incertezas e aos desafios, comecei a perceber sinais, pequenas luzes que iluminavam meu caminho e indicavam uma direção.

Agora, olhando para trás, compreendo que cada experiência, cada vitória e cada obstáculo faziam parte de um plano maior, urdido com maestria por Aquele que escreveu minha história. Percebi que não estou sozinha nesta jornada, que há um propósito único e singular para minha vida, delineado com cuidado e amor infinito.

Descobri que parte essencial desse processo é compreender o amor, tanto o amor pelos outros quanto o amor por mim mesma. É entender quem sou eu no âmago do meu ser, reconhecendo minha essência, minha singularidade, minha conexão com algo maior do que eu.

Assim, o segredo revela-se não apenas como uma fórmula mágica ou um conjunto de regras a seguir, mas como uma jornada de autodescoberta, de aceitação e de entrega ao fluxo do universo. É permitir-se ser guiado pela voz suave da intuição, pela sabedoria do coração, e confiar que, no final, tudo se encaixará conforme o plano divino.

Nessa jornada rumo ao propósito, encontramos não apenas sucesso material, como também paz interior, plenitude espiritual e uma profunda conexão com o universo. Pois, no fim das contas, o segredo está em reconhecer que somos parte de algo maior, que nossa existência tem significado e que cada passo dado com amor e consciência nos aproxima da realização plena do nosso ser.

3.1- Desvendando a essência e o poder transformador do amor

O amor é a essência dos segredos da alta performance. Ele é a peça fundamental que faz com que todas as coisas se encaixem, assim como Cristo, a pedra angular, é o ponto de partida de tudo. É algo genuíno, sobrenatural, que, quando inserido em nossas ações, faz com que tudo flua e aconteça. A palavra de Deus nos apresenta quatro tipos de amor: o Ágape, o Estorge, o Eros e o Philia. A maior necessidade do ser humano é o amor, e, dentro disso, precisamos amar o próximo como a nós mesmos, conforme o mandamento bíblico, em todas as áreas de nossas vidas. Devemos amar nossos pais, filhos, familiares, colegas de trabalho, vizinhos, amigos e assim por diante.

Cada tipo de amor possui características específicas.

- **Eros** é um amor de contato, romântico ou apaixonado entre o homem e a mulher, que se manifesta de forma avassaladora por meio do contato íntimo. Na Bíblia, encontramos várias citações sobre o relacionamento entre homem e mulher. Em Gênesis 2:24, estabelece-se um vínculo especial entre eles, que diz: "Por isso, deixa o homem pai e mãe e se une a sua mulher, tornando-se uma só carne".
- **Philia** é o amor fraterno ou de amizade, marcado pelo companheirismo e pela afinidade, em que podemos compartilhar os bons e os maus momentos. Às vezes, esse amor até supera o de um irmão. Um exemplo está em João 15:13: "Ninguém tem maior amor do que este: de dar alguém a própria vida pelos seus amigos".
- **Estorge**, ou amor parental de família, faz a pessoa sentir-se pertencente ao grupo, como na dança, na igreja ou ao fazer algo que faça sentido para cada um. A Bíblia relata a importância do bom relacionamento familiar e o valor desse amor.
- **Ágape** é um amor que, quando mencionado, causa arrepios, pois é o amor de Jesus. Deus deu seu único filho para morrer por mim e por você na cruz do calvário, porque Ele nos amou primeiro. É um amor incondicional e sacrificial. A Bíblia fala sobre esse amor em João 3:16: "Porque Deus amou o mundo de tal maneira que deu seu Filho Unigênito para que todo aquele que nele crê não pereça, mas tenha vida eterna".

Quando vivemos o verdadeiro amor, compreendemos a jornada, pois ele transforma qualquer situação. Tudo passa a seguir um fluxo natural, pois sem amor, nada importa. A humanidade precisa sentir esse amor, devemos olhar para o próximo e inspirá-lo. Alinhando o propósito ao resultado esperado, é necessário oferecer algo diferente do que o mundo já conhece. É preciso emanar boas energias, ser alguém que os outros busquem como exemplo, inspirando-os a agir de forma semelhante a Cristo.

Assim, podemos alinhar nosso propósito com o sucesso que almejamos. Permita-se sentir, olhar para dentro de si e refletir se nossas atitudes agradariam a Cristo.

3.2 - Obedecer

Agora que vem o silenciar para ouvir o que precisamos. Eu demorei algum tempo para entender, porém o tempo do despertar é na hora certa, nem antes nem depois. Há um versículo na Bíblia que diz: "Não se amoldem ao padrão deste mundo, mas transformem-se pela renovação da sua mente, para que sejam capazes de experimentar e comprovar a boa, agradável e perfeita vontade de Deus" (Romanos 12:2).

Dessa maneira, podemos colocar em prática que tudo o que vamos fazer devemos nos perguntar: é bom? É agradável? É perfeito? Se alguma dessas 3 respostas for não, aí pare e pense: "é a vontade do Senhor para a minha vida?

"Ah, Fran, e o propósito que você falou?"

Pois bem, já sabemos que precisamos fazer três perguntas para tomar decisões, mas como saber se fazem parte do propósito? Vamos pensar juntos: estamos sempre em busca de algo correto, porém o que parece que está distante e difícil é na verdade fácil. Nosso propósito está em obedecer!

Vou explicar, para que possamos ter sucesso precisamos caminhar segundo a vontade de Deus. Nós temos uma verdadeira identidade e, para que o processo ocorra, preciso descobrir a minha identidade. Mas como? Sabendo porque estamos aqui, que fomos chamados para ser filhos e, como filhos amados, nosso processo para chegar ao propósito é obedecer.

Esse processo exige que você seja forte e corajoso, mas que tenha plena convicção da sua identidade. O filho recebe a herança de seu pai, é ensinado e cuidado. Então permita que Deus seja o primeiro na sua vida, na sua casa e nos seus negócios, que dessa forma tudo vai bem! Os problemas, as mudanças e as transformações serão necessários para que você alcance seu propósito. Sendo assim, Ele o guiará e irá instruir para que seja feito o melhor na sua vida e que suas decisões acompanhem o fluxo correto.

Então, precisa descobrir a sua identidade. E qual é?

Em última análise, compreendemos que nossa identidade primordial é a de sermos filhos amados de Deus Pai. É nessa relação de amor e confiança que encontramos a verdadeira essência de quem somos e o propósito de nossa existência. O desafio da obediência se revela como um caminho estreito, exigindo coragem e renúncia das coisas deste mundo para seguir os passos de Deus.

Ser filho implica em uma entrega total ao Pai, em reconhecer sua vontade como a bússola que nos guia por meio das tempestades da vida. É no ato de obedecer que descobrimos a plenitude de suas promessas e experimentamos a paz que excede todo entendimento.

Portanto, ao adentrarmos ao ponto das promessas, recordemos sempre que somos herdeiros das promessas divinas, sustentados pelo amor incondicional de nosso Deus Pai. Que nossa jornada de fé seja marcada pela confiança em suas promessas e pela coragem de obedecer, mesmo quando o caminho parecer incerto!

4 – A promessa

Em meio às páginas da minha jornada, surge uma promessa que permeia minha existência, uma promessa que por muito tempo permaneceu obscurecida em minha compreensão. Não compreendia plenamente o significado da obediência, até que finalmente comecei a trilhar esse caminho. Deus sussurrou repetidas vezes, por meio de diversas circunstâncias, segredos que meus olhos não vislumbraram e palavras que meus ouvidos não captaram, revelando os desígnios que Ele tem para minha vida e para a sua. Há uma promessa a ser cumprida em sua jornada também.

Fui guiada até este ponto por mãos divinas, envolvida por pessoas providenciais e amparada por circunstâncias que só Ele poderia orquestrar. Agora, ao aceitar e abraçar esse processo, inicio um novo capítulo em minha história, alinhada ao propósito divino.

Agradeço por cada desafio enfrentado, por cada lição aprendida em meio às dificuldades que moldaram meu caráter. Embora por vezes ocultasse minhas dores por trás de um sorriso, somente Deus conhecia a verdadeira essência do meu ser.

Nesse ponto crucial, percebo o valor de compreender minha identidade, um tesouro que transcende as conquistas materiais. Descobri que a chave para a verdadeira prosperidade reside na disposição para entender, servir e obedecer. E assim, alinhados à vontade divina, tornamo-nos participantes ativos de nosso destino. Recordo as palavras do profeta Jeremias: "Porque sou eu que conheço os planos que tenho para vocês", diz o Senhor, "planos de fazê-los prosperar e não de causar dano, planos de dar a vocês esperança e um futuro" (Jeremias 29:11).

Que essa promessa seja a âncora que nos guia, a luz que ilumina nosso caminho, enquanto seguimos adiante, confiantes na orientação divina e na certeza de um futuro repleto de esperança.

5 – Propósito

À medida que encerramos sobre "A promessa," reflito sobre a jornada desafiadora e transformadora que trilhei. Ao longo desse caminho, descobri que minha verdadeira identidade não foi revelada de imediato, mas, sim, lapidada ao longo do tempo.

Foi durante esse processo de crescimento e aprendizado que compreendi profundamente que minha verdadeira identidade é a de ser filho de Deus, e que a obediência é o alicerce dessa identidade.

Aprendi que a obediência é fundamental para desbloquear o caminho para o cumprimento do propósito que Deus reservou para mim. Obedecer às direções divinas nem sempre é fácil, mas é essencial para superar desafios, enfrentar tempestades e descobrir novos horizontes de crescimento e realização.

Estou profundamente consciente do propósito que Deus reservou para mim e estou pronta para compartilhar esta jornada com outras mulheres que buscam a excelência e a alta performance. Como mentora, estou comprometida em guiar e inspirar mulheres a descobrirem seu potencial máximo, enfrentarem desafios com coragem e abraçarem seu propósito com determinação.

Minha experiência e meu aprendizado ao longo desses anos me capacitaram para oferecer orientação, suporte e encorajamento em cada passo do caminho.

Estou preparada para caminhar ao lado de mulheres que desejam transcender limites, alcançar seus objetivos e viver uma vida significativa e plena.

Que este novo tempo seja marcado pela nossa jornada compartilhada rumo à excelência e ao cumprimento do que Deus nos reservou. Que juntas possamos elevar a nossa performance, inspirar outras mulheres e impactar o mundo ao nosso redor. Estou pronta para esta próxima etapa, pronta para mentorear e pronta para fazer a diferença.

E lembre-se: o segredo da alta performance reside em servir, amar, obedecer a Deus para que as promessas do Senhor se cumpram assim abraçando o propósito com determinação e fé. Que esses segredos guiem nosso caminho e nos levem à realização plena.

"Desvende sua identidade, abrace o poder do amor e viva as promessas do Senhor. Seja a luz que ilumina, transforma e inspira o universo."

Francine Carrillo

GIORDANA COSTA SANTANA

Sou Giordana Costa Santana, natural do Tocantins, e sou alguém completamente apaixonada por livros, que adora estudar e descobrir coisas diferentes e novas, que gosta de se desafiar a tentar coisas que nunca fez antes e que tenta ter coragem para realizar cada sonho ou loucura que tenho vontade.

Gosto de participar de programas de incentivo ao ensino e aprendizado, como simulações da ONU e voluntariados, e tento sempre buscar entender as oportunidades que existem ao redor do mundo e trazê-las para a minha realidade, buscando o melhor não só para mim, mas também para a minha família, até porque, às vezes, só precisamos de um pouco de autoconhecimento para descobrir quem somos e diversas portas começarem a se abrir.

giordanacsantana

costasantanagiordana@gmail.com

OS SEGREDOS DA ALTA PERFORMANCE

09 A OUSADIA DE TER CORAGEM E REALIZAR

Por Giordana Costa Santana

Futuro. Acredito que essa palavra seja a guia de grande parte das ações que tomamos hoje, sempre estamos pensando no amanhã, no que estaremos fazendo: o que vestiremos? Onde estaremos? E posso dizer que, muitas vezes, esses pensamentos se voltam para algo que acredito ser mais importante: quem nós seremos?

Acredito que a resposta para essa indagação é bem mais complicada do que você está pensando e, diversas vezes, pode dar um pequeno nó na nossa cabeça, mas também acredito que parte desse questionamento seja respondida por algo mais profundo e particular de cada pessoa: os sonhos.

Deixe-me explicar melhor: sonhos são sentimentos, desejos, vontades e pensamentos profundos que temos e os quais refletem muito quem somos e quem nós queremos ser, bem como movem nossas ações e objetivos para o futuro. Não importa se são sonhos pequenos ou grandes, eles sempre estão ali nos guiando para um futuro em que teremos a resposta para aquele questionamento.

Em particular, acredito que meus sonhos sempre me moveram para onde eu queria estar e para quem eu gostaria de ser, mesmo quando ainda não tinha certeza de algo. Mas preciso dizer, ao mesmo tempo, os sonhos podem ser traiçoeiros se não são verdadeiros ou se forem impostos por alguma outra pessoa que não seja você mesmo, já que algumas vezes nos encontramos em situações em que estamos lutando por um algo que outra pessoa projetou e nos impôs.

Em alguns momentos de nossa vida, às vezes, encontramo-nos perdidos, no sentido que não sabemos quem somos, quem queremos ser e o que gostaríamos de fazer. Estar nesse lugar pode nos trazer coisas boas e ruins na mesma intensidade, e se engana quem pensa que isso pode apenas trazer algo ruim, já que, ao longo desse caminho, podemos aprender mais sobre nós mesmos do que em qualquer outro momento.

Não muito tempo atrás, eu me encontrava nesse lugar, e sei que não saber como prosseguir com a própria vida pode gerar certas incógnitas que são difíceis de definir e responder, e as minhas giravam em torno de quais sonhos valiam a pena se esforçar para conquistar. Porém eu também estava tão confusa, e até mesmo insegura, que não sabia se havia algo que desejava tanto ao ponto de me permitir tentar, e ali eu soube que seria um longo caminho até descobrir.

Incógnitas. Sempre que começamos a pensar sobre aquelas perguntas, incógnitas frequentemente aparecem e, se não tivermos a perspicácia de compreendê-las e entender que podem nos enganar, acabamos por entrar em situações em que pensamos que nunca conseguiremos responder aqueles questionamentos. Recordo-me que um dos pensamentos que mais giravam na minha cabeça era a pressão imposta, somente por mim mesma, para decidir o mais rápido possível o que deveria fazer por toda a minha vida, já que, a meu ver, não poderia perder tempo tomando uma decisão que eu já deveria ter tomado tempos atrás.

Acredito que essa seja a primeira incógnita a aparecer quando pensamos acerca disso: a pressão.

E é aqui que lhe digo que essa pressão excessiva que colocamos em nós mesmos é desproporcional e infundada, porque, se é extremamente difícil mensurar todas as oportunidades que existem ao redor do planeta, imagine todas os caminhos diferentes que podemos seguir em apenas um piscar de olhos. São tantas coisas que nosso cérebro nem consegue pontuar todas elas. E aí entramos na questão de que são tantos caminhos diferentes que diversas vezes ficamos indecisos sobre o que tentar ou fazer, colocamo-nos mais pressão, ficamos ainda mais confusos e indecisos sobre como prosseguir. Então se inicia um ciclo vicioso de pensamentos que não nos ajuda em absolutamente nada.

Como saímos desse ciclo? Eu diria que é necessário reeducar o nosso cérebro e nos fiscalizar acerca disso. É difícil no começo já que temos a tendência de seguir as mesmas ações de antes e, em certos momentos, nosso cérebro pode tentar nos enganar para continuar a fazer o mesmo de outrora, uma vez que é mais fácil não tentar mudar toda uma linha de pensamento, é mais cômodo.

Primeiro, precisamos entender que existem diversos caminhos, isso é um fato, mas que não conseguimos seguir todos. Lembre-se que seus braços não conseguem abraçar o mundo inteiro de uma única vez.

Segundo, é necessário entender que é uma decisão importante, mas não significa que é imutável, ou seja, não é porque você decidiu fazer algo em específico que não possa recomeçar depois, e eu diria que isso é até normal pelo simples fato de que tomamos a decisão sobre o que queremos fazer baseada em nossos interesses mais profundos e nossas percepções de quem queremos ser, e às vezes isso pode mudar.

E, por fim, não tenha medo de abrir mão de algo que pensou que queria, mas que depois percebeu que talvez não fosse o que realmente desejava fazer. Lembre-se que deve conquistar aquilo que está de acordo com suas convicções e vontades, e não aquilo que outras pessoas querem que você conquiste. É difícil fazer tudo isso e requer muita coragem, então não se julgue ou se culpe se levar tempo ou quando tomar a decisão de verdade.

Também, tente se dar a oportunidade de experimentar e tentar coisas que têm relação com seus interesses, além de tentar coisas novas. Não tenha medo de explorar os caminhos que existem por aí. Às vezes, é naquilo que você menos espera que seu caminho se encontra. Comigo foi assim, no lugar em que eu não esperava foi onde eu encontrei o caminho que queria seguir. Muitas vezes, só precisamos de um pouco de ousadia para poder encontrar.

Outro grande ponto que toda essa pressão traz consigo é a autocobrança. Por definição, eu diria que autocobrança é a capacidade que temos de nos exigir além da conta para podermos cumprir algo que pensamos ter que realizar o mais rápido e o mais perfeito possível. A questão é que isso não acontece apenas uma única vez, é uma ação que ocorre repetidamente e, quanto mais a praticamos, mais difícil fica de parar e de ver as coisas como elas são na realidade.

Posso dizer que talvez seja uma especialista em autocobrança, já que durante vários anos da minha vida eu fiz isso. Durante o ensino fundamental, eu me cobrava para ter as notas mais perfeitas possíveis e estudava loucamente todos os dias para cumprir todos esses objetivos que eu criava. Durante o ensino médio, não foi diferente, as mesmas ações se repetiram. É como eu disse antes, tudo isso gera um ciclo de pensamentos e ações viciosas que não entendemos como parar, e que nos fazem ter um sentimento de culpa quando não completamos uma tarefa ou quando pensamos que poderíamos ter feito mais.

Bom, no meu caso, foi o meu gosto por estudar que desenvolveu tudo isso. Eu adorava estudar e descobrir coisas novas e diferentes, e isso deu gás para que essas ações se iniciassem, já que, quanto mais eu me esforçava, mais eu acreditava que precisava fazer cada vez melhor.

A questão é que, à medida que crescia, eu percebi que todas essas ações excessivas não são boas para ninguém, já que nos sobrecarregamos e chegamos a um extremo cansaço e estresse. Acontece que essa autocobrança também traz toda uma carga emocional ruim, e sentimos diversos sentimentos negativos e que nos sobrecarregam e estressam ainda mais.

Conforme entendemos isso, é fulcral sabermos identificar quando isso acontece.

Você se sobrecarrega de forma excessiva e se sente estressado além do normal? Entende que o que está fazendo não é saudável, mas mesmo assim não consegue agir diferente? Acredita que tudo o que faz não fica perfeito o suficiente e por isso acha que tem que fazer mais? Todas essas ações acumulam sentimentos negativos e ruins em você? Acredita que, se não fizer todas essas ações repetidamente, estaria decepcionando as pessoas ao seu redor ou até a si mesmo?

Se as respostas forem sim, então provavelmente está se cobrando além da conta, e acho que admitir isso é o primeiro passo para conseguir reverter essas ações.

E admito, também, que mudar uma linha de ações que se repetem há semanas, meses ou anos é complicado, mas não é impossível, requer apenas um pouco de esforço e compreensão. Esforço porque, durante um tempo, você vai querer continuar porque acredita que precisa fazer isso; e compreensão porque vai precisar lutar contra o impulso de acreditar que deve, porque não, você não precisa fazer tudo de maneira absolutamente perfeita, pois erros acontecem, somos seres humanos suscetíveis a falhas, e isso é normal. Precisamos deixar de acreditar que somos robozinhos que cumprem qualquer tarefa com alto nível de perfeição para entender que podemos errar, apenas precisamos ter a coragem de sermos imperfeitos.

É necessário entendermos também que precisamos nos priorizar. Trabalho, estudos e todo o resto pode esperar um pouco quando se trata de nós mesmos, de cuidar de si mesmo. Quer começar a parar de se cobrar desse jeito? Experimente dar um pouco mais de atenção a si mesmo! O autocuidado e o autoconhecimento são algumas das coisas mais satisfatórias que existem. Faça isso por si e para si. Tente também ter uma conversa sincera e realista consigo mesmo; se quiser, escreva em um caderno, bloco de notas ou até mesmo no seu celular. Escreva a sua situação, como tudo isso se iniciou, como se sente, se deseja fazer diferente e o que precisa para você começar a fazer isso, escreva tudo o que quiser e seja realista e não omita nada, não precisa mostrar para ninguém, é algo apenas seu.

Tente, também, estabelecer tarefas e metas concretas e realistas, mas que não cobrem de você a execução de uma ação por horas e horas a fio. Apenas tente dividi-las em blocos menores e constantes para não se sobrecarregar, e, ao mesmo tempo, saiba estabelecer seus limites. Acredito que essa é uma das partes mais importantes: saber reconhecer o que pode e o que não pode fazer, o que consegue e o que não consegue e o que está ou não disposto a tentar. Tente também aprender a valorizar suas conquistas, independentemente de serem pequenas ou grandes, uma vez que você conseguiu aquilo, foi porque tentou de verdade, então fique orgulhoso de si mesmo, pois, no fundo, somente você sabe o que precisou fazer para realizar o almejado.

A questão agora é que a autocobrança também puxa uma outra emoção: o medo. Já parou para pensar que, em algum momento, aconteceu uma situação de você querer muito algo e querer tanto aquela coisa que começa a se questionar se realmente seria capaz de viver ou realizar aquilo? Começamos a pensar que talvez não sejamos capazes de fazer aquela coisa, que podem ter outras pessoas que fariam melhor, que não conseguiríamos reagir diante daquilo, e aí vários pensamentos que nos deixam com uma pulguinha atrás da orelha que fica dizendo repetidamente que não conseguiremos conquistar ou viver aquilo que se inicia.

Eu diria que o medo é uma reação normal do nosso corpo diante situações que podem exigir algo novo de você ou que demande uma resposta ou ação muito rápida ou que exija algo que nunca tinha feito antes. Geralmente, nos sentimos preocupados e com aquele "frio na barriga" que nos diz para não irmos a algum lugar ou não fazermos algo.

Acontece que, apesar de ser uma reação natural do nosso corpo, o medo pode ser extremamente traiçoeiro em diversos momentos, porque ele não só priva você de viver coisas extraordinárias, mas também pode lhe tirar algo que talvez nunca poderá voltar e que daqui um, dois ou dez anos desejasse ter feito diferente aquele dia.

O grande ponto do medo é que não é algo apenas psicológico, também pode ser físico. Diversas vezes, pensamos não ter controle sobre nós mesmos, sentimos nossas mãos tremerem, nossas pernas parecem que têm vida própria, parece que seu estômago está sendo sacudido para fora do corpo, e diversas outras reações que nos fazem sentir que somos incapazes de conquistar qualquer coisa. Então, eu digo também que o medo pode ser contornado quando entendemos que quem o controla somos nós, e não o contrário, e a situação contrária só acontece porque damos a ela poder suficiente para fazer isso. Quando isso acontece, outro grande amigo do medo aparece: a autossabotagem.

Diversas vezes, todos aqueles pensamentos que dizem que somos incapazes e que subestimam nossa capacidade de conquistar algo ou de ter sucesso abre portas para a autossabotagem e faz todos esses acontecimentos se repetirem várias e várias vezes. Em grande parte do tempo, isso pode acontecer inconscientemente. Diversas vezes nos questionamos por que de nunca conquistamos nada ou por que não conseguimos ter sucesso em algo; e, às vezes, só precisamos parar por um momento e olhar para dentro de nós mesmos para poder encontrar a raiz daquele problema e de toda aquela confusão. Em diversos momentos, só precisamos de um instante longe de todo o caos do dia a dia de nossa vida para identificar todas essas questões e entendermos que estamos sabotando nosso próprio sucesso e, por consequência, a nossa felicidade.

É difícil reconhecer tudo isso e admitir para si mesmo que nós criamos o problema, mas, ao mesmo tempo, isso pode ser o primeiro passo para tentar mudar. Em minha experiência, admitir isso foi o passo inicial para entender que durante um ano inteiro eu fazia isso e toda vez que pensava em mudar o medo me consumia, tomava o controle e me fazia mudar de ideia.

Por isso, eu gostaria que você fizesse algo agora: pegue um papel e escreva seus maiores desejos, anseios, vontades e sonhos. Escreva todos, não importando se você pensa que são pequenos ou que não valem o esforço.

Escreva onde gostaria de estar em um, dois, cinco, dez anos e o que gostaria de conquistar durante esse tempo. Não tenha medo! Lembre-se que você o controla não o contrário. Se preferir, também selecione fotos que ilustrem esse sonho e coloque junto a isso. Eu diria que, quando terminar, terá um mapa dos seus sonhos e de quem gostaria de ser, e isso é extraordinário porque mostra um pouco não só da pessoa que você quer ser, mas mostra que inconscientemente já temos as respostas para todas as perguntas que já lhe fiz, só precisamos olhar para dentro, olhar para quem você é agora.

É difícil superar o medo, é complicado reeducar nosso cérebro para entender que somos plenamente capazes de conquistar absolutamente tudo com o que sonhamos e desejamos. Tudo isso é complexo porque é mais fácil e simples não tentar, é mais cômodo não realizar.

O ponto a se considerar é a mesma pergunta que lhe fiz lá no início: quem você é hoje e quem quer ser amanhã? A resposta para sua dúvida está nessa pergunta, porque, no momento em que decide que quer mudar e quer tentar de novo, e não apenas tentar, mas conseguir e realizar, o caminho começa a ficar um pouco mais claro e você entende que os seus sonhos são apenas seus e, se não lutar por nenhum deles, ninguém irá fazer isso por você.

Precisamos nos levantar todos os dias e fazer o melhor que podemos. Recebemos uma nova oportunidade de tentar a cada dia que se passa e devemos usar essa oportunidade o melhor que pudermos.

Devemos ser corajosos todos os dias para lutarmos por aquilo que tanto queremos, e entenda que a coragem não é a ausência do medo, é a nossa capacidade de fazer o nosso melhor e de tentar mesmo estando com medo e mesmo com pensamentos dizendo que não somos capazes. Então, a decisão de ser corajoso tem que partir de você, apenas nós mesmos podemos dizer se estamos dispostos a isso, e não posso garantir que sua jornada será fácil, mas posso dizer que pode ser simples porque sabe o que precisa fazer.

Sempre que esses pensamentos que o autossabotam vierem à sua mente, escreva-os e então escreva a verdade que eles omitem, se disserem que é incapaz então escreva que você é, sim, capaz e que consegue. Se disserem que não é suficiente, diga que você é extraordinário e que é suficiente.

Escreva todos os dias como se sente acerca de cada uma dessas coisas, seja sincero e coloque seus sentimentos ali. Emoções foram feitas para serem sentidas, então sinta! Não se apavore se dia ou outro você pensar que não consegue, dê uma pausa e depois olhe para dentro de novo; as respostas estarão lá.

E, por fim, a última incógnita que todos esses pensamentos provocam é a procrastinação. Eu diria que essa é a pior de todas porque se junta com a pressão, a autocobrança, o medo e a autossabotagem, faz você querer desistir e ainda pode ser apoiada pela falta de objetivos realistas, ausência de rotina e desorganização. A procrastinação, em minha sincera opinião, é a mais difícil de contornar, mas a mais fácil de entender. Eu diria que essa atitude vem de uma repetição massiva de ações em que preferimos ficar na inércia do que fazer algo que precisamos ou que gostaríamos e é reforçada pela falta de disciplina.

Diversas vezes dizemos que vamos fazer algo depois, e aí horas, dias e semanas se passam e ainda não fizemos aquilo. Sempre falamos que faremos no dia de amanhã e, da mesma forma, dias e dias se passam sem termos feito nada.

Eis aqui meu conselho: sempre que pensar em deixar para fazer algo em outro dia, eu gostaria que se questionasse o motivo de tudo aquilo, se está fazendo porque está realmente cansado ou porque está realmente ocupado no momento ou se por algum outro motivo realmente válido, ou então se está fazendo porque é mais cômodo ficar horas e horas no seu celular, ou porque é melhor assistir aquela série ou filme, ou porque é melhor sair com seus amigos, porque é mais fácil não tentar se esforçar.

Faça-se esses questionamento e, se a resposta estiver de acordo com a segunda parte, uma mudança de atitude será necessária e quando pensar em adiar algo, você vai tentar realizar aquela ação naquele momento. No início pode ser difícil porque tendemos a criar desculpas para não fazer aquilo, mas vai perceber que, com o tempo fica mais simples, se realmente tentar.

Acredito que só consegui ir contra a procrastinação no momento em que entendi que sonhos, organização e disciplina devem andar juntos. Nesse caso, precisamos entender que organização não é apenas um monte de tarefas sem sentido e que não iremos conseguir realizar dezenas de tarefas no mesmo dia. É necessário refletirmos sobre nossa rotina e como as coisas em nossa vida acontecem. Precisamos nos adaptar à medida que as coisas evoluem, precisamos nos entender e conhecer, e você precisa saber claramente pelo o que está lutando, senão todo o processo se repete de novo.

Tenha em mente o sonho que quer conquistar e os objetivos que terá que cumprir para conquistá-lo. Tente aos poucos e não tenha medo quando errar, até porque, se você errou, é porque estava tentando. Escreva o que dá certo e o que não funciona e vá se adaptando, apenas tente.

Sonhos, futuro e pensamentos, três palavras que regem parte de nossa vida, pode ser uma jornada fácil em alguns momentos e em outros tão difícil que não conseguimos ver uma saída. Elas podem nos trazer ensinamentos e perdas na mesma intensidade, e cabe apenas a nós entender como queremos prosseguir. Mas todas essas indagações sempre apontam para as maiores questões de todas, quem somos e quem podemos ser, perguntas que agora eu gostaria de pedir que tentasse responder. Seja sincero, porque, quando estamos perdidos e não conseguimos ver a saída, é a resposta dessas perguntas que irá lhe guiar.

Às vezes, a jornada é mais difícil do que imaginávamos, mas saiba que não precisa se pressionar além da conta, não precisa se cobrar para fazer tudo perfeito, seja corajoso para conquistar seus sonhos, chute a autossabotagem para bem longe, até porque entendemos que todos somos capazes. Não deixe a procrastinação lhe fazer desistir e aprenda a conhecer quem você é.

Sonhos são como pequenas estrelas, e cada vez que nos esforçamos e somos ousados de tentar, essas estrelinhas se tornam grandes ao ponto de nos mostrarem o caminho, então sonhe, pois a vida é sombria demais sem estrelas. E não esqueça de realizar. Lembre-se de que pode tudo, mas apenas se quiser. Entenda que a vida é uma jornada de descobertas, e a última coisa que lhe peço é para ter a coragem e a ousadia para conquistá-la.

Cada dia é como uma folha em branco em que você pode escolher o que escrever, decidir se quer tentar e, mais do que tentar, conseguir.

Giordana Costa Santana

KAMILLA SOUSA

Prazer! Sou Kamilla Sousa, filha amada de Deus, fruto do amor de Isaías Sousa e Iara Mariana, irmã dedicada do Keven e da Tamires e, com orgulho, esposa de Arezio Paiva. A vocês dedico este capítulo e minha eterna gratidão por existirem.

Nascida no interior do Tocantins, natural de Araguaína, sou graduada em Direito pela Faculdade Católica Dom Orione, advogada especialista nas áreas Cível e Militar, mentora de preparação para a 2° fase da OAB em Direito Civil, mentora no processo de ressignificação do luto, *trainer* do Instituto Karen Batista, escritora e palestrante.

Minha missão é ressignificar vidas, mostrando por meio do meu trabalho e das minhas vivências que somos capazes de superar os momentos mais desafiadores com decisão, disciplina e gratidão.

kamilla_fsousa

+55 (63) 99208-5151

Kamilla Sousa

10 RESSIGNIFICAR O LUTO PARA TER UMA VIDA DE SIGNIFICADO

Por Kamilla Sousa

Em uma noite de sexta-feira, 11 de novembro de 2011, na cidade de Araguaína, no estado do Tocantins, uma criança chamada Kamilla Sousa encontrou-se diante de um dos maiores desafios de sua vida: o luto.

Filha amada de Isaías Sousa e Iara Mariana, irmã dedicada do Keven e da Tamires, e orgulhosa esposa de Arezio Paiva, minha jornada foi moldada pela presença e, mais tarde, pela ausência daquele que amo profundamente, meu pai.

Este capítulo é um tributo à força que me foi concedida não apenas para enfrentar o luto, mas também para transformá-lo em um alicerce para minha missão: ressignificar vidas.

Minha história não é única, mas a maneira como escolhi navegá-la é.

Graduada em Direito pela Faculdade Católica Dom Orione, advogada especialista nas áreas Cível e Militar e mentora dedicada, minha trajetória profissional sempre foi conduzida por uma paixão incansável pela justiça e pelo desejo de fazer a diferença. No entanto, foi a minha jornada pessoal por meio do luto que me trouxe até aqui, diante de você, compartilhando minha história e as lições que ela contém, para que juntos possamos viver o **ressignificar**!

O que é o luto?

Você sabe o que é o luto? Ou acha que sabe? Você vive um luto? Ou já viveu? Ou, talvez, você esteja em um luto sem saber?! Pare e reflita um pouco.

Nos encontros da vida, uma das perguntas que mais recebo é: "Kamilla Sousa, o luto é apenas a perda física de uma pessoa querida? É só quando perdemos alguém para a morte?".

Se, ao fazer essas perguntas, a primeira resposta que veio a sua mente é que você sabe o que é o luto e que ele está ligado à morte, preciso lhe dizer que há mais na experiência do luto do que somente a perda física de uma pessoa querida.

O luto é a junção de momentos com sentimentos negativos, e é por isso que ele se manifesta em nossas vidas de formas inesperadas, transcendendo a perda física para tocar todos os cantos de nossa existência, podendo surgir com o fim de um relacionamento, a perda de um emprego, com uma crise financeira, reprovações em concursos, ou até mesmo ao enfrentarmos mudanças que alteram nossa compreensão de quem somos. Portanto, a perda eterna de alguém que amamos é uma das formas de manifestação do luto.

Cada experiência de luto é única e, ainda assim, há um fio comum que nos une: a busca por significado e a necessidade de ressignificar a dor.

Antes de adentrarmos no processo de ressignificação, faça um compromisso comigo. Eu vou contar a minha história, mas quero que você reflita sobre a sua própria jornada e as trilhas que percorreu.

____

Assine seu nome aqui.

Com nosso compromisso firmado, vamos juntos mergulhar nas águas profundas do ressignificar. Eu, Kamilla Sousa, tenho o prazer de oferecer três ensinamentos poderosos que prometem enriquecer sua vida. E por que limitar-nos a três? Bem, como a vida muitas vezes se desdobra em padrões de três, aqui também seguimos essa harmonia universal:

- passado, presente e futuro;
- pódio: primeiro, segundo e terceiro lugar;
- corpo, alma e mente;
- pai, Filho e Espírito Santo.

Sim, o trio permeia nossa existência, estabelecendo um ritmo que encontramos em cada aspecto da vida. E, ao reconhecer isso, você começará a perceber como cada elemento do trio contribui para um todo maior, mais rico e mais complexo.

Agora, ficou estupefato? Isso é apenas o começo. Prepare-se, pois o que vem a seguir é ainda mais revelador e transformador.

1 - A sua história inspira

Eu tinha 11 anos, quando eu e minha família enfrentamos o ápice da nossa dor: a perda de meu pai, Isaías Francisco de Sousa. como policial militar dedicado ao estado do Tocantins por mais de 17 anos, meu pai não apenas serviu sua pátria com honra, mas também se tornou o alicerce e a inspiração da nossa família e de muitas outras pessoas, desde amigos a colegas de profissão, como um homem, pai, esposo, avô, amigo e profissional de inigualável coragem e amor.

Naquela noite fatídica, teve a sua vida covardemente ceifada na porta de nossa residência, na frente de minha mãe, minha irmã, sua neta e outros familiares. Ele teve a opção de correr em direção ao nosso lar, os portões estavam abertos, mas escolheu corajosamente se entregar e nos proteger.

A coragem do meu pai em face do perigo revelou a profundidade de seu amor, preferindo enfrentar o destino sombrio a permitir que qualquer mal nos tocasse. Seu último suspiro, dado em meus braços, marcou o início de um período de profunda escuridão, transformando toda a luz e esperança que tínhamos para o futuro em uma sombra persistente de medo, solidão e desolação.

Dias se passaram, e a vida teve que seguir. Preparados ou não, a vida segue.

Nos dias que se seguiram, e mesmo enquanto os anos passavam, encontramo-nos presos em um turbilhão de sentimentos avassaladores e perguntas sem respostas, como: qual o sentido de viver em mundo mau como este? Por que coisas ruins acontecem com pessoas boas?

A dor da perda desencadeou uma série de consequências imprevistas, desde decisões precipitadas até o isolamento angustiante. Tentamos desesperadamente preencher o vazio deixado por meu pai, muitas vezes, assumindo responsabilidades além de nossa capacidade, na esperança vã de proteger uns aos outros de mais sofrimentos.

Nesse período de turbulência, minha vida foi marcada por mudanças significativas, como trocas de escola e o fim de amizades longevas, cada momento adicionando camadas de sentimentos negativos e incertezas à minha vida. A barreira do medo e a ansiedade de julgamento me impediam de buscar sonhos antes cobiçados.

Falar em público, trabalhar diretamente com pessoas ou escrever um livro era uma realidade distante, o que perpetuava um ciclo de silêncio e inação.

E já pensou se eu não tivesse decido ressignificar o luto? A minha história estaria morta! Mas, como diz Mario Sergio Cortella: "uma pessoa só morre quando é esquecida"[1].

Hoje, eu entendo por que eu tive que ressignificar a minha perda: tive que curar os sentimentos negativos para que outras vidas pudessem ser curadas também!

E quantas vezes você tem se escondido atrás dos seus lutos?

O processo de ressignificação não é apenas sobre dar um novo significado, mas sobre reconhecer que, dentro de cada luta, há um propósito maior, uma chance de inspirar e ser instrumento de cura para outras vidas.

Caro leitor, guarde no seu coração as seguintes palavras: **há propósito na sua luta, há propósito na sua dor. A sua história inspira, seu testemunho cura. Há vidas esperando pelo seu renascer para que as delas sejam salvas.**

1 Disponível em: https://www.linkedin.com/posts/mario-sergio-cortella_voc%C3%AA-ser%C3%A1-lembrado-uma-pessoa-s%C3%B3-morre-activity-6948017804017045504-H-UA/?originalSubdomain=pt. Acesso em: 03 abr. 2024.

No entanto, o poder da sua história e o impacto do seu testemunho só se manifestam quando compartilhados. Uma superação não contada ou uma lição não expressa restringem a capacidade de curar não apenas a si mesmo, mas também o mundo ao seu redor. Ao dar voz a sua experiência, você, além de liberar a carga do seu próprio coração, também oferece a chave para a libertação de outros.

Portanto, encorajo-o a falar, a compartilhar e a viver a sua verdade com coragem. Lembre-se de que cada história contada é um passo em direção à cura coletiva, cada testemunho compartilhado é um convite à ressignificação não apenas para você, mas para todos aqueles que têm a sorte de cruzar o seu caminho.

Por mais de 10 anos, eu escolhi viver o luto. Você pode se perguntar: "Kamilla Sousa, desde quando o luto é uma escolha?". A realidade é que, enquanto a dor é uma certeza incontornável da vida, o sofrimento prolongado é uma opção.

A perda de uma mãe, de um pai, um abandono na infância, o desemprego, a reprovação em um concurso, a escassez financeira, todos esses momentos causam dores, sentimentos inevitáveis. No entanto, estender esse sofrimento, permitir que ele se enraíze e defina nossa existência, é uma escolha.

A crença de que o "tempo curará todas feridas" não passa de um mito que contamos a nós mesmos para evitar enfrentar as decisões difíceis que sabemos ser necessárias para avançar.

Fabrício Carpinejar, em sua sabedoria, nos lembra de que "quanto mais futuro, menos presente; quanto mais passado, menos futuro"[2]. Na minha interpretação, digo **viver ancorado ao passado nos rouba o presente, e ao somar ambos, perdemos uma vida inteira**.

O futuro que você idealiza, aquele do quadro dos sonhos pendurado em sua mente, está apenas a uma palavra e atitude de você: **decisão**.

[2] Disponível em: https://twitter.com/CARPINEJAR/status/1755596353164779539. Acesso em: 03 abr. 2024.

2 - Dores não se comparam

Em agosto de 2022, decidi encerrar uma década de luto pela perda de meu pai, por meio de uma ferramenta poderosa e, em seguida, embarquei em uma jornada desafiadora rumo à aprovação no Exame da Ordem dos Advogados do Brasil (OAB). No auge do meu 8° período da faculdade de Direito, estava determinada a conquistar esse feito já no 9° período. Foram meses de estudo intenso, renúncias e mentorias valiosas com Karen Batista.

Fevereiro de 2023 marcou a primeira vitória: passei na 1° fase da OAB com 55 pontos. Com a meta clara de ser aprovada na 2° fase, intensifiquei meus estudos, mas, após realizar o exame em abril, saí da prova descrente. O resultado confirmou meus receios: reprovada! Reprovada por meros sete décimos.

A desolação tomou conta de mim. Quem já viveu a reprovação em provas, concursos que tanto deseja terá dimensão do sentimento que senti. As horas dedicadas pareciam perdidas, e a dor que senti era semelhante à vivida com a perda de meu pai. Senti como se um pedaço de mim fosse arrancado, minha identidade profissional desmoronando por causa de uma prova realizada em uma tarde de domingo.

Você pode questionar: como é possível comparar a perda de um pai com uma reprovação?

Explico: os dois momentos me trouxeram luto. A perda de meu pai deixou um vazio de solidão, abandono, tristeza e remorso. A reprovação no Exame da Ordem trouxe frustração profissional, ansiedade pelo julgamento alheio, sensação de incapacidade e culpa.

E aqui reside uma verdade fundamental: **dores não se comparam!**

A intensidade de uma dor é inquantificável e profundamente pessoal, conhecida apenas por quem a experiencia.

É precisamente por essa razão que a ajuda mais efetiva, muitas vezes, vem de quem já passou por experiências similares. Por isso, devemos buscar amparo em pessoas que já viveram o mesmo processo, pois esperar empatia ou compreensão de quem nunca experimentou um luto pode ser um caminho para a desilusão.

Tanto a dor da perda de alguém amado quanto a dor de um revés profissional podem ser avassaladoras. O desemprego de quem sustenta a família carrega um peso imenso, assim como a perda física de um familiar.

Cada luto tem sua validade e impacto, independentemente de sua origem.

Não existe uma hierarquia de sofrimento; todos os tipos de luto merecem reconhecimento e compreensão. Afinal, eles são barreiras que nos impedem de viver plenamente.

3 – Tudo pode ser ressignificado

Ressignificar é mais do que dar um novo significado às experiências; é transcender a dor, não a negando, mas encontrando propósito e crescimento nesse processo.

E você pode estar se perguntando: "Ok, Kamilla Sousa, entendi! Mas como eu faço na prática para ressignificar o meu luto?".

Prepare-se, pois é exatamente isso que você está prestes a descobrir.

Recorda-se do princípio da regra de três?

Para poupar você das adversidades que enfrentei e iluminar seu caminho com clareza, irei ofertar os três passos para a sua jornada de ressignificação, passos esses que aplico em todas as situações de minha vida.

1° passo: Viva o luto, mas coloque prazo no sofrimento.

Para verdadeiramente transformar a dor e dar um novo significado a ela, o primeiro passo é permitir-se vivenciar plenamente essa dor, reconhecendo-a e aceitando-a como parte integrante da sua história. Viver o luto é essencial, mas é igualmente importante estabelecer um fim para esse sofrimento intenso.

Permita-se experienciar todas as emoções que o luto traz, mas com uma perspectiva clara: defina até quando você permitirá que essas emoções dominem seu estado de ser. Não se trata de negar ou suprimir seus sentimentos, mas de dar-se permissão para sentir, com a compreensão de que haverá um momento para começar a cura.

Entenda que, embora o caminho possa ter seus altos e baixos, a decisão de seguir em frente e a coragem para definir um "prazo para o luto" são fundamentais. Sua vida extraordinária demanda uma decisão consciente e uma atitude ativa para além do luto.

Estabelecer um prazo para o luto, assim como fazemos com nossas metas, é crucial. Sem definir esse limite, iremos permanecer eternamente no sofrimento. Atingir a alta performance e ter uma vida de significado só é possível quando nos permitimos ressignificar o passado.

2° passo: Transforme sua perspectiva.

A mudança de perspectiva é um passo ímpar. E essa mudança acontece quando começamos a perguntar: "o que isso me ensina?" ou "como posso usar essa experiência para ajudar os outros?". Essas perguntas abrem o caminho para a descoberta de um propósito maior escondido dentro da nossa dor. Entender que, mesmo nos momentos mais escuros, há lições a serem aprendidas e forças a serem ganhas é fundamental.

Será por meio das respostas a essas perguntas que você irá percorrer o processo de cura, mas lembre-se: é um processo, não é repentino, é uma construção diária.

A sua vida transcende a dor. Há motivos para vencer, razões para persistir e um caminho a seguir! Transforme sua perspectiva!

Um testemunho de transformação

Permita-me compartilhar um testemunho que tem total relação com o 2° passo. Na tarde de 09 de junho de 2012, em meio ao luto pela perda de meu pai, nasceu o "Chá do Pôr do Sol". Idealizado por minha mãe, Iara Mariana, e por mim, esse evento, dedicado exclusivamente às mulheres, surgiu como um farol de esperança.

O primeiro ano após a perda de um ente querido é repleto de dificuldades. Datas comemorativas, antes momentos de alegria, transformam-se em desafios angustiantes pela ausência da pessoa amada, intensificando a ansiedade.

Em 2012, enfrentando o primeiro aniversário de minha mãe sem meu pai, o Chá do Pôr do Sol emergiu como um refúgio, um espaço onde poderíamos nos distanciar dos sentimentos dolorosos provocados pela falta dele.

Apesar das limitações financeiras e emocionais, encontramos coragem para iniciar algo novo. Esse dia marcou o começo de um processo de ressignificação, dando origem a um movimento que abraçou mais de 100 mulheres e promovendo cura e liberdade.

E, se há algo que desejo compartilhar com você, é isto: não aguarde condições perfeitas para dar o primeiro passo. A transformação começa com a coragem de agir, de mudar a perspectiva, independentemente das circunstâncias.

3° passo: Exerça a gratidão.

A gratidão é uma prática transformadora e o terceiro passo essencial na jornada de ressignificação. Exercer a gratidão significa reconhecer e apreciar os aspectos positivos da vida, mesmo diante das adversidades. É olhar além da dor e valorizar as lições, as pessoas e as experiências que nos moldam e fortalecem.

Você conhece a regra 10/90? Ela postula que apenas 10% da nossa vida são determinados pelos acontecimentos, enquanto os outros 90% são definidos pela nossa reação a esses eventos. A gratidão é essencialmente a prática dessa regra, pois escolhemos focar no positivo e no significado que atribuímos às nossas experiências.

Em agosto de 2022, coloquei prazo e, desde então, tenho aplicado a gratidão como minha ferramenta de ressignificação. Foi por meio da gratidão que transformei meu luto, encontrando renovação e propósito.

Cada vez que me encontrava questionando os porquês da minha dor, refugiava-me na gratidão, listando dez motivos pelos quais sou grata, como os anos vividos com meu pai, as viagens compartilhadas e as noites repletas de risadas. Ao comunicar a gratidão, transformei o que era dor em memórias calorosas e enriquecedoras.

Foi comunicando a gratidão que aos poucos o que antes era sofrimento, foi se tornando uma lembrança agradável e prazerosa. Foi por meio da gratidão que eu consegui acessar o renovo, a cura do meu passado; ao ressignificar do luto, tornei-me advogada, mentora, palestrante e escritora, alegra e próspera.

A gratidão, quando comunicada, abre portas para novas bençőes!

Quando enfrentei a reprovação na 2ª fase do Exame da Ordem, adotei a gratidão como minha aliada. Essa abordagem me ajudou a descobrir o propósito por trás da adversidade, culminando na criação do Grupo Decifrando Civil – OAB, uma iniciativa que apoia candidatos na preparação para a 2ª fase da OAB em Direito Civil. Esse projeto não só me possibilitou ajudar outros, mas também a tornar-me advogada especialista na área cível e me estabelecer como mentora.

O Grupo Decifrando Civil – OAB ajudou mais 40 estudantes e, desses 40, 30 estudantes estavam vindos de reprovações anteriores e ressignificaram o caminho e alcançaram a aprovação.

Caro leitor, se você almeja uma vida de significado, comunique a gratidão, pois ela cura, liberta, transforma. Se você está disposto a viver o extraordinário, olhe para o seu luto e identifique a gratidão nele.

Kamilla Sousa, como ser grato por algo que ainda não foi conquistado? A sua jornada percorrida até aqui já é motivo de gratidão. Seja grato pelo que não concretizou ainda, mas que irá concretizar.

Lembre-se: não podemos mudar o passado, mas podemos construir um futuro de alegria. Se estiver passando por uma situação difícil, busque olhar para a situação com uma perspectiva de aprendizado e crescimento, afinal, aqueles que enfrentam situações difíceis têm o potencial de alcançar lugares antes inalcançáveis.

Honre a memória dos que se foram, valorize sua família e, acima de tudo, honre a si mesmo, sendo bem-sucedido em todos os aspectos da vida.

Gratidão, por ter lido até aqui! Foi uma honra e um privilégio imensos compartilhar minha história e, mais do que isso, ser parte do seu processo de ressignificação. Este livro, assim como as lições que ele contém, permanecerá sempre vivo, tornando cada palavra, cada emoção compartilhada, eternamente valiosas.

Para continuar essa jornada juntos e aprofundar ainda mais a sua experiência de ressignificação, convido você a acessar um material exclusivo preparado com muito carinho. Acesse o QR Code abaixo e, no *link* na bio do meu Instagram, você encontrará recursos valiosos que o(a) acompanharão nesse caminho para uma vida repleta de significado. Além disso, terá todas as informações necessárias sobre como participar de nossa mentoria e eventos especiais, projetados para apoiá-lo (la) nesse processo transformador.

Permita-me estender minha mão em solidariedade e guiar você pelo caminho do ressignificar.

@KAMILLA_FSOUSA

Aqueles que enfrentam situações difíceis têm o potencial de alcançar lugares antes inalcançáveis.

Kamilla Sousa

KAROLAYNE SOARES

Filha amada de Deus, natural de Fortuna/MA, criada pelos avós maternos e paternos, a bisneta mais querida da Dona Maria de Nazaré — a qual hoje é a estrela mais linda do céu. Casada com o atleta fisiculturista Alex, mãe da Maria Cecília.

Eu sou amada, forte, esforçada, carismática, qualificada e aceita.

Em um dos maiores desertos da minha vida, eu me ressignifiquei, transformei a minha vida por meio da educação física, descobri que o meu propósito de vida é ajudar mulheres reais a conquistarem corpos reais. A minha mentoria vai muito além dos limites do corpo, ela também resgata almas dos desertos da vida.

kakasoareess

+55 (63) 99201-0016

OS SEGREDOS DA ALTA PERFORMANCE

11 COMO TER SUCESSO EM MEIO AOS DESERTOS

Por Karolayne Soares

Lembro-me bem de quando enfrentei o meu primeiro deserto. Eu tinha apenas dois anos de vida. "Ah, mas crianças não entendem nada." E eu afirmo para você: os adultos é que não entendem nada sobre a capacidade e a inteligência de uma criança.

Já era madrugada quando chegou uma *van* à casa da minha bisa Nazaré. Logo, vi minha mãe se despedindo de todos e meu irmão Kaio chorando — ele era muito apegado com a minha mãe. Eu, desde sempre, fui mais tranquila; tudo estava bom e, se não estivesse, eu guardava para mim. A "partida" repentina da minha mãe deixou muitas perguntas sem respostas, deixou um vazio, deixou medo de tudo, insegurança, traumas e muitas crenças limitantes.

No decorrer da minha infância, eu ouvia constantemente, das minhas avós e de todos que conheciam minha história, a palavra "tadinha". E, ainda, para amenizar a falta da minha mãe, faziam tudo para mim.

Aos 11 anos de idade, fui morar com o meu pai, para a minha infelicidade. Foi o período em que mais sentia falta de uma mãe, todos podiam opinar na minha criação. A família paterna é toda machista e agressiva, inclusive eu apanhei várias vezes do meu pai (já cheguei a ir para o hospital desmaiada), pois eu não podia namorar, não podia ter amigos, pois para eles ninguém presta além deles mesmos.

Todos os dias, eu pedia para Deus um refúgio, minha vontade era de ir embora para bem longe. O meu pai sempre agiu desta forma: depois que ele me feria muito, tentava compensar seu erro com dinheiro, promessas, liberava seus carros luxuosos para eu sair com minhas colegas, as poucas que ainda tinha.

Em 2016, eu passei pelo meu maior deserto. Esse quase me matou, ou melhor, eu quase me matei. Eu desejei a morte, queria o fim. Questionei Deus inúmeras vezes: "que amor é esse, Deus? Tu me colocaste no mundo para viver um inferno? O que eu fiz para merecer tanto sofrimento?". E Deus permaneceu em silêncio, porém enviou, naquele exato momento em que eu estava literalmente morrendo, um anjo, que foi o meu abrigo, pegou-me no colo e me tirou daquele vale da morte.

Caro leitor, de agora em diante, eu irei lhe entregar o que tenho de mais precioso, irei lhe contar minhas maiores limitações, revelarei os traumas que nem mesmo minhas melhores amigas sabem. Irei lhe entregar toda minha experiência de vida e como foi a minha virada de chave para superar todos os traumas, para passar por todos os desertos (os que já lhe contei e os que ainda vou contar nas próximas páginas), como me tornei uma mulher forte, confiante, inteligente e realizada.

Ainda no ano de 2016, no mês 12, eu tive que tomar uma das decisões mais difíceis da minha vida. Após aquela situação trágica que estava acontecendo, eu tinha duas opções: 1) continuar morrendo aos poucos na minha cidade natal; ou 2) criar coragem para enfrentar todos os meus medos e seguir a minha vida em outra cidade.

É preciso coragem para sobreviver no deserto. Lá, tudo é intenso: quando está calor, sua pele arde ao extremo; quando está de noite, é um frio de tremer cada osso do seu corpo. É um ambiente desafiador para a vida. Então, eu resolvi ir embora da minha cidade sem avisar ninguém, assim como um dia a minha mãe fez.

Eu sentia tanto medo daquela nova fase e não tinha a mínima ideia de como tudo aquilo iria acabar, mas, antes mesmo de chegar ao meu destino, já sentia uma liberdade, um conforto e uma paz na alma só de estar longe de tudo o que me aconteceu.

Apesar de ter sido muito difícil, o motivo foi bem maior que o meu medo de recomeçar. Alimente sua coragem para que ela seja sempre maior que seus problemas. Mesmo que a situação seja supercomplicada, se você ativar o botão da coragem, nada vai pará-lo.

Araguaína/TO foi a terra prometida.

Ao chegar aqui, eu comecei a viver uma depressão, estava totalmente perdida em relação ao meu futuro, e isso me tirava a paz. Comecei a entregar currículos e logo consegui o meu primeiro emprego da vida, vendedora em uma loja de capinha de celulares. Comecei a me animar, a fazer planos, fazer faculdade, comprei uma moto. Tudo estava se resolvendo na minha vida.

Maturidade, se você ainda não tem, irá desenvolvê-la no deserto. A maturidade floresce em meio aos desertos, não tem nada a ver com idade. As pessoas acham que, quando chegamos a tal idade, teremos responsabilidade e maturidade. A verdade é que nós adquirimos essa virtude através dos desertos.

O ano já era 2017, eu já estava retomando a vida, quebrada e destruída por dentro, mas já conseguia ter fé em que Deus iria me dar o melhor.

Plaft!

Descobri que estava grávida.

"O que eu vou fazer se não sei cuidar nem de mim? Eu só tenho 19 anos. Deus, cadê você? Ajuda-me, eu não posso errar com essa criança. Eu sonhei com me formar, casar com o amor da minha vida e depois ter filhos". Só que a realidade de Deus é diferente da nossa, tudo que Ele permite é para nos moldar. Foi aí que houve uma das viradas de chave, resolvi "tentar" casar com o pai da minha filha, mesmo sabendo que seria quase impossível dar certo, pois só havia dois meses que eu o conhecia.

Mudei minha vida, abri mão de tudo para mergulhar profundamente nesse novo desafio. Apesar do susto ao descobrir a gravidez, eu já a amava e fazia grandes planos, tinha nomes para a bebê, assistia a vídeos de como cuidar de crianças, de como ganhar bebê por parto normal. Todos os dias, eu olhava as roupinhas e ficava sonhando com o dia em que eu pudesse vê-la. Procurei a minha mãe para saber sua versão, pois até então já tinham se passado quase 20 anos e eu não tinha dado oportunidade para ela me contar o lado dela. Essa foi a primeira vez que eu tive maturidade para ouvi-la, e conversarmos como duas mulheres.

Fui assumindo as consequências das minhas escolhas, fui tendo empatia com minha mãe e adquiri maturidade.

O processo de perdão

Enfim, eu estava vivendo o que sonhei. Tinha uns 17 dias que Maria Cecília havia nascido, eu estava radiante e realizada, o meu casamento estava perfeito.

Meu esposo era amoroso, gentil, trabalhador e fazia de tudo por mim e por nossa filha; tudo aquilo que eu sempre quis, uma família feliz. Eu não precisava de mais nada, Deus tinha me recompensado por ter sofrido tanto.

Plaft!

Entrei em mais um deserto: descobri que meu esposo tinha me traído e, como dizem, "o corno é sempre o último a descobrir". Toda a família dele sabia e me escondeu para me poupar, pois minha gravidez era de risco. De novo, o meu mundo desabou; de novo, eu senti a dor de ser decepcionada por quem eu amo. Mais uma vez, me feriram profundamente. Lá estava eu tentando entender o porquê de estar vivendo em um deserto novamente.

A depressão pós-parto veio forte, mas eu precisava ser forte por duas, pois minha filha dependia de mim. A primeira pessoa para quem eu contei foi para a minha mãe; a família do meu pai só ficou sabendo após 4 anos. A partir dali, eu perdoei os meus pais. Foi um processo complexo. Tive que ter compreensão, empatia e sabedoria.

Perdoá-los não significa que concordo com as atitudes que eles tiveram no passado, mas liberar o peso emocional para seguir em frente. Esse processo contribuiu para eu me desprender de todos os sentimentos que me perturbavam e entender que não era sobre mim, que eu não precisava ter vergonha do meu passado por erros alheios.

Após perdoar meus pais, eu consegui liberar perdão para o Alex. A chegada de um filho fruto daquele episódio (traição) requer muito esforço. Foi isso mesmo que você entendeu, além da traição, tinha alguém ali no meio de tudo isso, uma outra vítima, uma criança que não tinha culpa de ter sido gerada dessa forma. Como se não fosse o bastante, a mãe da criança infernizou minha vida por alguns anos.

Diante de tanta dor, eu comecei a orar a Deus para que tirasse de mim todo o sentimento ruim e que ela seguisse a vida dela e me deixasse em paz, pois eu já não tinha mais forças, só queria paz.

Hoje, tudo isso tem 6 anos, e estou colhendo os frutos das minhas orações.

A mãe da minha enteada me procurou, pediu-me perdão e eu a perdoei, não pelo fato de ela ter se envolvido com o meu esposo, pois quem me deve respeito é ele, e sim por ela ter me provocado inúmeras vezes. Graças a Deus, temos uma convivência totalmente diferente.

Sofia é o nome da princesa, uma menina linda, doce e amável que sem me dizer uma única palavra me ganhou. Eu a amo e cuido dela como se fosse minha filha; a verdadeira maternidade vai além do sangue.

O perdão, de fato, transforma nossas vidas em vários aspectos. Promove uma cura interior e melhora os relacionamentos. Ao deixar de lado mágoas passadas, é possível criar espaço para o crescimento pessoal. O perdão é uma escolha, que tira a nós mesmos das prisões. Perdoe para ser livre, para ser quem você sempre sonhou ser. Infelizmente demorei quase 20 anos para entender que quem perdoa por último é quem mais sofre, porém nunca é tarde para evoluirmos e para expandirmos nossa mente.

Silêncio e fé. Nenhuma pessoa suporta ser traída, seja lá qual tenha sido a pessoa que a traiu. O ser humano quer entender para poder perdoar, mas infelizmente as traições não são para ser entendidas. Quanto mais pensamos ou procuramos explicações na nossa cabeça ou das próprias pessoas que nos machucaram, mais retardamos o processo de cura e o processo de libertação daqueles inúmeros sentimentos que nos afundam a cada segundo que passa.

Entender uma violência verbal é difícil, querer entender uma violência psicológica é cortar o próprio corpo. Quem já foi agredido e violentado procura entender o porquê. E quem sofre todas as agressões por alguém próximo, por um familiar, por um amigo da família, por um pai, por um tio, por padrasto,... essa pessoa assume toda a culpa, principalmente quando a vítima é uma mulher.

Agora eu peço para você usar toda sua imaginação: uma menina de 19 anos, que viveu toda sua vida se sentindo rejeitada por sua mãe, mas que vestia um sorriso todos os dias para esconder essa dor. Teve que se calar, que concordar com todas aquelas mentiras, sair de mentirosa, teve que pegar toda aquela culpa, que nunca foi dela, foi obrigada a engolir seco, mesmo machucada e decepcionada com alguém que ela amava e respeitava como um ídolo.

Mulheres, vocês nunca vão ter culpa de ter sofrido nenhum tipo de abuso. A sua roupa, o seu batom, sua unha vermelha, suas fotos de biquíni nas redes sociais não as definem nem justificam tamanha crueldade. O abusador sempre tem uma desculpa e um culpado, que sempre será a vítima.

Eclesiastes 3:1-17 diz: "tudo tem seu tempo determinado, e há tempo para todo propósito debaixo do céu". Eu me calei, escondi da minha família por algum tempo, mas hoje chegou o tempo de todos ouvirem minha voz. Mulheres, analisem a situação. Talvez seja melhor se calarem no momento para não piorar tudo. Mas não se calem para sempre, estejam seguras para soltar a sua voz, peçam a proteção divina e o apoio dos que amam vocês.

“Ela vivia andando de toalha em casa”, essa foi uma das justificativas que uma pessoa (mulher) deu em um momento em que eu não estava presente. Eu não poderia estar de toalha na minha própria casa? É inacreditável como essa atrocidade pode sair da boca de uma mulher.

Eu me retirei, calei-me, não contei para alguns da minha família, pois, se eu contasse, uma tragédia iria acontecer. Tudo o que eu queria era paz. Se eu contasse para todos, haveria derramamento de sangue. Então, permaneci em silêncio e vim embora para Araguaína. Mantive-me adorando a Deus, mesmo Ele em silêncio diante de toda crueldade; adorei a Deus quando a dor me consumia; adorei a Deus naquele deserto. Nesses momentos de injustiça, o silêncio pode ser uma grande escolha. Manter-se calada não significa aceitar, mas sim preservar a dignidade e permitir que sua fé em Deus guie suas ações. Como a palavra de Deus diz, "tudo terá seu tempo".

O deserto nos mostra qual é nossa verdadeira identidade e os verdadeiros amigos. Eu cresci me achando burra, feia, sem perspectiva, sempre achei que só poderia ser alguém na vida se fosse com ajuda do meu pai. Porque eu não me achava inteligente, já tinha 18 anos, porém era totalmente dependente dele. Apesar de ter, lá no fundo, uma sede de sair da gaiola onde ele me criou, eu tinha muita dependência emocional devido às crenças limitantes, além de ele não me deixar trabalhar.

Em 2019, a Paula, uma amiga que era proprietária de uma academia feminina, me fez a proposta de eu iniciar a faculdade de Educação Física e ir trabalhar com ela como estagiária.

“Você não vai conseguir. Você é igual a sua mãe. Você não tem como pagar essa faculdade. Você não tem inteligência para estudar.” Passei alguns dias refletindo, o medo estava tomando conta de mim, eu achava que não era capaz, até que tomei uma atitude e resolvi mudar meu cenário. O primeiro período da faculdade foi bem difícil. Eu acordava às 5h da manhã para chegar à lanchonete em que trabalhava, saía às 18h e já ia direto para a academia fazer o estágio, até as 21h. Foi um período estressante, mas eu sabia que era um processo.

E uma das minhas inspirações foi justamente a minha família paterna, pois, apesar de tantos defeitos, eles também possuem qualidades. A maior delas e quase única é o esforço e a dedicação ao trabalho. Foi a única coisa que peguei deles, era algo que eu achava muito bonito, além de presenciar o retorno do trabalho árduo.

Foram dois anos trabalhando nessa academia de bairro. Lá eu dei meu sangue, saí da lanchonete e passei a trabalhar de manhã, à tarde e à noite naquele lugar. Era minha segunda casa, era o meu refúgio. Quantas vezes eu me peguei chorando limpando o chão e os banheiros para ganhar um extra? Não tinha dia para trabalhar; alguns fins de semana, eu pegava a limpeza da academia.

Em um belo dia, o meu corpo não respondeu ao meu comando. Eu sentia dor no corpo todo e os meus pés falhavam quando tentava caminhar. Foi aí que lesionei a fáscia plantar. Um grande aprendizado: trabalhe, mas não seja burro. Descanse, seu corpo não é uma máquina e descansar não vai retardar o processo.

Foi lá, ajudando aquelas mulheres nos treinos, que descobri o meu propósito de vida. Foi acolhendo, foi dando meu testemunho de vida, foi falando do amor e da misericórdia de Deus. Às vezes, sendo só ouvinte; outras vezes, abraçando e limpando as lágrimas de algumas. Foi aí que me dei conta do de por que passei por tantos desertos.

A vida é feita de fases e ciclos, e chegou ao fim aquele ciclo. Para evoluirmos, temos que mudar de fase. Foi como se eu tivesse me separado de um membro do meu corpo. Mais uma vez, o meu passado influenciava nas decisões. "E agora, Karolayne, como vai ser? Você, tão pequena, não irá conseguir passar em uma entrevista nessas academias grandes. Você não tem inteligência suficiente para trabalhar com um público de classe social alta." Cheguei a ser convidada para trabalhar na maior academia de Araguaína da época. "Eu não consigo", recusei.

Logo, Deus enviou um anjo que era um amigo. Ele pegou meus dados e fez a minha inscrição, porque eu mesma não teria coragem.

Tenha amigos, amigos verdadeiros, que acreditam no seu potencial, que o motivam e o levam para os lugares certos. Amigos de festa e para influenciar você para o erro são muitos. Saiba filtrar as pessoas que estão ao seu redor.

Fui chamada para a entrevista na academia Engenharia do Corpo, uma franquia que está em segundo lugar no *ranking* das melhores. Essa academia é onde trabalho até hoje, graças a Deus. Foi onde comecei a virada de chave, foi onde descobri o meu potencial, descobri minha verdadeira identidade. Foi onde nasceu minha marca Kaká Soares, onde coloquei meu propósito de vida, onde descobri que o meu passado não me define e que só eu posso mudar a minha vida. Deus pode tudo, mas temos que permitir que Ele entre na nossa vida e fazer nossa parte.

O mundo está cheio de pessoas feridas, com más intenções. Você tem o poder de decisão em mãos. Decida ser diferente, escolha os bons exemplos para "copiar". Escolha exemplos com que você possa ter contato, que estejam ao seu alcance. Conviva com o tipo de pessoa que você deseja se tornar, nem que para isso precise mudar todo o seu ciclo de amizades; as pessoas com quem você convive têm um grande poder de influência. Se for preciso, recomece do zero.

Eu tive que me posicionar, mudar minhas ações e hábitos. Automaticamente, pessoas que não me influenciavam em nada se afastaram; de outras, eu fui me distanciando aos poucos. Deus foi colocando no meu caminho pessoas com o mesmo propósito que o meu, eu fui me aproximando de pessoas que admirava em todas as áreas da vida. Uma delas é a Karen Batista. Ao ver sua rotina e seus hábitos, eu logo tive a ação de estar próxima a ela. Sabia que, de alguma forma, ela iria me influenciar positivamente.

Minha intuição estava certa. Iniciamos uma parceria incrível, na qual eu ganhava R$ 4.000,00 por mês e cheguei aos meus primeiros R$ 10.000,00. Saí daquela escassez, comecei a investir em conhecimento, e o resultado foi R$ 5.000,00 em menos de uma semana. Uau! Isso foi extraordinário para mim. A menina do interior se tornou uma grande mulher.

Não evoluímos, crescemos ou expandimos sozinhos.

Aliás, você até pode chegar lá sozinho, porém vai ser muito mais difícil e doloroso. Da mesma forma, tenho alunas que, após iniciarem a mentoria comigo, perderam até 10 kg. Isso porque elas tomaram a atitude de estar perto de alguém que tem autoridade e conhecimento – e isso é para todas as áreas da vida.

Douglas Silva, um dos melhores educadores físicos, foi uma das minhas inspirações. Eu analisava a forma que ele executava cada exercício e ficava fascinada. "Será que um dia serei tão boa quanto ele?". Cheguei a tirar várias dúvidas e evolui muito, não só na nossa área, mas também como serva de Deus.

Aqueles que pegam o exemplo e os ensinamentos do Senhor Jesus são destacados. Não tem como você receber o novo com as velhas práticas, com os hábitos ruins antigos, com os amigos que estão em festas todos os dias.

O deserto é o melhor lugar para você ter clareza em todas as áreas da vida.

A forma como você reage no deserto irá determinar o seu futuro. Não deixe as sementes plantadas por pessoas amargas germinarem no seu coração. Você não é o que lhe acontece, você não é o que os outros dizem. Aproveite o deserto para resgatar sua verdadeira identidade.

Não deixe que as dúvidas o definam. Após o deserto passar, o propósito permanecerá dentro de você. Não acostume com a dor, libere o perdão.

O deserto nos ensina qual é a nossa verdadeira identidade.

Todos esses processos de deserto me mostraram o quanto sou forte, que superei os meus limites e sou muito abençoada. Eu sou a menina dos olhos de Deus, siiiimm!!! Tome posse desse versículo: "Porque quando estou fraco, então é que sou forte" (2 Coríntios 12:10).

Em meio às adversidades da vida, quando você se sentir fraco, sozinho e sem destino, lembre-se desse versículo. Os desertos são extremamente solitários, mas é na solitude que você irá crescer, depois Deus lhe honra perante os homens.

Hoje eu tenho um casamento restaurado, duas filhas lindas, sou especialista na performance feminina, tenho um carro na garagem e duas motos. Sou reconhecida na minha área, evoluí profissionalmente, sou embaixadora de uma das maiores lojas de suplementos, Body Shop, e agora uma escritora.

Aguardem que virão outros capítulos. Sua história só depende de você mesmo. Não culpe as pessoas por você não ter evoluído, não culpe os problemas, não culpe o abandono e não culpe a dor que lhe causaram.

Não culpe os traumas.

Você é maior que tudo isso, é indestrutível ao lado de Jesus. O seu Pai, o dono do mundo, já deixou sua história escrita, porém cabe a você decidir durante a sua jornada como irá lidar com os desertos.

Deserto não é moradia, é uma escola da vida onde se encontra a terra mais fértil para resgatar a própria identidade e florescer a maturidade.

Karolayne Soares

KÁTIA TELLES

Sou Kátia Telles, natural de Araguaína/TO, resido nesta cidade com a minha amada família: meu esposo Marcio Galvão, com quem sou casado há 17 anos, e meus filhos Maico Gabriel, Luiz Guilherme, Enrico Mateus.

Sou mentora, escritora, master especialista em Consultoria Financeira, contadora, advogada, conselheira do CRC/TO e CEO das empresas Katia Telles Soluções Empresariais e Art´s Vidros. Acumulando mais 18 anos de carreira profissional no âmbito empresarial, também sou cristã e atuo como tesoureira da minha congregação. Superei grandes desafios e reafirmo que ter um planejamento na sua vida financeira traz uma segurança para sua vida profissional, pessoal e espiritual.

katiatelles.aux

+55 (63) 99209-3737

katiatelllessolucoes@gmail.com

OS SEGREDOS DA ALTA PERFORMANCE

12 REDESCOBRINDO-SE NAS FINANÇAS

Por Kátia Telles

Dedicatória

Ao meu amado esposo, que sempre me apoia a cada vez voar mais alto. Meu amor, como sou feliz e alegre ao seu lado. Você traz leveza para minha vida. Aos meus três lindos filhos de olhos claros, que só puxaram à mãe na personalidade, mas que me encantam a cada dia pela inteligência, independência e resiliência em acreditar no meu potencial.

Por fim, aos meus pais e à minha querida irmã, que sempre foram esteio para meu crescimento pessoal, profissional e espiritual.

Vivemos em uma sociedade que valoriza a iniciativa e o sucesso, porém não somos educados a administrar o sucesso, principalmente no que tange à área financeira.

Imagine uma jovem aos 10 anos de idade, dando seus primeiros passos no universo da contabilidade, em um escritório familiar. Meu pai, um contador dedicado, foi a minha inspiração para eu seguir os mesmos passos. Anos se passaram, e me formei em Contabilidade aos 20 anos, em 2006.

A vida me reservava surpresas agradáveis e, em 2007, dei um passo ainda mais significativo: o casamento com Márcio Galvão. A partir daquele momento, me tornei não apenas esposa, mas também iniciei minha jornada na gestão financeira da nossa empresa. Dia após dia, aprimorava-me, encontrando paixão aos resultados positivos que alcançava.

Ao compreender isso, comecei a vivenciar as dores e os desafios enfrentados por empreendedores, vislumbrando assim uma missão maior: por que não levar meus conhecimentos além das fronteiras do negócio familiar? Assim, ingressei na consultoria financeira, oferecendo meus serviços a clientes e amigos.

O ano de 2015 trouxe para mim a grande realização de um grande sonho de infância: ingressei no curso de Direito. Entre desafios, duas empresas para administrar e três filhos pequenos, não cogitei desistir do meu sonho de me tornar Dra. Advogada.

Gostaria de compartilhar que sou prova viva de que a determinação, aliada ao conhecimento e à paixão, pode transformar sonhos em realidade.

Atualmente, estudos revelam que mais de 60% da população enfrenta desafios significativos no gerenciamento financeiro, lidando com dívidas, falta de planejamento e incertezas econômicas. Essa realidade destaca a urgência de discutirmos estratégias práticas para alcançar estabilidade financeira e prosperidade a longo prazo.

Há uma informação que quero trazer agora para vocês: sabem a diferença entre ensino e educação?

Explico-lhes agora. O ensino é um processo que envolve a transmissão de conhecimento, habilidades e valores de uma pessoa para outra. É uma forma de trazer compreensão e competências em determinadas áreas. Já a educação é um processo amplo e contínuo que visa o desenvolvimento integral das pessoas. Além da transmissão de conhecimento, a educação envolve a formação de valores. Educar alguém é como você encucar algo na vida das pessoas, é conhecimento que é passado de geração em geração. Muitas mulheres vivenciam isso na prática, com as receitas caseiras que são passadas de geração a geração, por exemplo, o modo de preparo, não sabem por que é feito, mas fazem porque foram instruídas daquele modo.

Então, precisamos ter a consciência de que, sobre finanças, precisamos ser educados.

Outro exemplo prático que temos acerca de educação financeira é como acontece nos Estados Unidos, onde, desde cedo, as crianças são educadas a investir e, por isso, entre outras razões, é que os Estados Unidos são uma potência econômica mundial. Daí surge o desejo de vários imigrantes ingressarem no país com o anseio de ficarem ricos.

No entanto, como não são educados financeiramente, porque, infelizmente, não é uma cultura brasileira, chegam não só aos Estados Unidos, mas também a outros países da Europa, com uma jornada profissional em atividades nas quais a mão de obra é braçal, com horas exaustivas de trabalho — chegando a mais de dezesseis horas —, sendo que, se o mesmo fosse aplicado no Brasil, também teriam o mesmo êxito financeiro.

Mas o por que é feito isso lá e não aqui? A princípio, porque é desenvolvido o entendimento, que estão lá com o único anseio de ganhar dinheiro e que todo o tempo deve ser dedicado ao trabalho, e não ao lazer e ao entretenimento. Também lhes é repassado que boa parte do dinheiro recebido deve ser investido aqui no Brasil devido à valorização da moeda. Então, ganha-se lá e investe-se aqui no país. Daí se percebe que o caminho é diferente, mas o resultado é o mesmo, investir para ter retorno, ganhar muito e gastar pouco. Isso se chama Educação Financeira.

Então, percebem-se que, para começar a jornada de Educação Financeira, é necessário que se tenha um planejamento?

Tenho uma amiga que, por dificuldades financeiras por ter contraído vários compromissos financeiros, comprou uma residência financiada. Porém, precisava pagar a entrada que comprometia quase toda a sua renda mensal, depois comprou uma chácara, mas não tinha veículo para ir a essa chácara, então resolveu fazer um consórcio para comprar um carro, mas não tinha o valor para contemplar a carta de crédito e, devido a toda essa necessidade de honrar seus compromissos, resolveu pegar dinheiro emprestado com agiota, agravando mais ainda sua situação financeira. Então, não encontrando outra possibilidade de honrar seus compromissos, decidiu, pelo período de dois anos, ir morar em Portugal para trabalhar na área da estética corporal.

À época, perguntei a ela se tinha feito um planejamento de quanto deveria ser o salário que iria ganhar lá, quanto seriam suas despesas mensais e quanto precisaria enviar para o Brasil para pagar as despesas dos seus três filhos que iriam ficar aqui morando com a mãe dela. Então ela me respondeu que não havia feito os cálculos, que a única coisa que tinha por certo era que iria ficar rica, porque várias amigas tinham ido e estavam bem financeiramente. Logo, fiquei muito aflita porque, como consultora financeira, sei que a conta não é tão simples assim.

De certo que foi e, com três meses, liguei para ela e perguntei como estava. Ela me confidenciou que não estava sendo tão fácil e que precisava economizar muito e que os filhos precisariam baixar o padrão de vida aqui no Brasil para sobrar um pouco do dinheiro para pagar as contas.

Percebem que não é tão simples lidar com finanças, que para tudo é necessário planejamento e estratégia, seja aqui no Brasil ou em outro país.

Diante disso, quero trazer para vocês o primeiro passo do check-list financeiro:

- cuidar das suas e finanças é um princípio indispensável para seu sucesso pessoal, profissional e empresarial.

Quem vive por princípio cresce financeiramente, já dizia o sábio Salomão: "quem planeja com cuidado tem fortuna, mas o apressado acaba passando necessidade" (Provérbios 21:5.)

Então, o planejamento é um princípio muito importante. Muitas pessoas acham que planejamento é perda de tempo e, por se acharem muito inteligentes, não planejam, acreditando que no momento de necessidade irão ter habilidades para resolver a crise financeira. No entanto, atropelam-se e gastam energia desnecessária. Você sabia que a maioria das pessoas que são acometidas por depressão advém de uma crise financeira? E que a causa sempre é falta de um planejamento?

É necessário fazer anotações de toda a sua renda, relacionar todas as despesas e chegar ao resultado de se está tendo lucro ou prejuízo.

Muitas pessoas físicas e jurídicas acreditam que isso é algo muito complexo e, por isso, não aplicam no seu dia a dia.

Ter esse conhecimento é muito importante para ter noção de se sua renda está compatível com suas despesas.

O meu intuito com este livro é te encorajar você a desenvolver esse método financeiro de forma prática, prazerosa e com grandes resultados.

"Redescobrindo-se nas finanças" sugere uma abordagem de autoexploração e compreensão pessoal no contexto financeiro. É para chamar sua atenção para refletir sobre suas atitudes em relação ao dinheiro.

- Estabeleça metas financeiras claras; crie um orçamento alinhado com seus valores e seus conhecimentos sobre investimentos.

É necessário que obtenha recursos de estejam de acordo com as suas metas e valores, reservando uma parte para investimento. Não há uma regra básica para investimento, porém recomenda-se investir de 10% a 20% da sua renda, mas isso vai depender de se suas metas são de curto, médio e longo prazo.

A exemplo, digamos que hipoteticamente sua renda é de R$ 2.000,00 e você pretende trocar seu celular daqui a 6 meses, o que custa R$ 5.000,00. Se investir 20% – R$ 400,00 – , vai precisar investir e aguardar, então, por doze meses e meio. Percebe-se que não só é separar o investimento, é necessário definir sua duração, para poder alcançar e para alinhar com suas expectativas em relação ao tempo do resultado que deseja alcançar.

- Explore seu perfil de gastos.

Você precisa ter noção de como é o padrão de vida com que deseja viver. O nosso perfil de gastos está diretamente alinhado com o nosso perfil comportamental, que pode ser um perfil mais arrojado, que está preocupado em viver o hoje como se não houvesse o amanhã, ou que analisa milimetricamente se de fato precisa viver um alto padrão de vida ou entende que tudo é um processo, então é melhor ter um padrão de vida mais baixo para ter uma vida financeira sólida e constante.

- Compreender o que é hábito financeiro.

O hábito é um comportamento regular e repetitivo que ocorre de forma quase automática, muitas vezes sendo adquirido por prática e repetição ao longo do tempo. Pode envolver atividades diárias, escolhas alimentares, exercícios, entre outros. No contexto financeiro, desenvolver o hábito de economizar e investir regularmente contribui para a construção de uma saúde financeira sólida a longo prazo.

Vou lhe apresentar algumas situações que constroem um hábito financeiro em nosso dia a dia.

- Sempre peça descontos: muitas vezes não, ganhamos porque não pedimos. É como diz o ditado: "ninguém sabe o que calado quer".
- Analise se realmente precisa comprar algo: uma dica valiosa para saber se realmente precisa, é sempre deixar para comprar no outro dia. Isso vai lhe ajudar em muitas situações a reconhecer que não precisava e que está comprando somente por impulso.
- Fazer a lista antes de ir ao supermercado e também evitar ir com fome. Assim, irá comprar somente o necessário.
- Se possível, faça viagens fora de temporada: evite viajar em julho ou dezembro e janeiro.
- Aprenda a negociar suas férias, caso seja empregado CLT. Não pegue tudo de uma vez. Se se for funcionário público, desfrute de alguns direitos que lhe darão folgas além das suas férias, por exemplo, trabalhar no serviço eleitoral para ter folga; e se for na área privada, seja sempre

proativo, faça sempre algo a mais do que é remunerado, para que assim seu chefe lhe conceda folgas extras. Como diz o velho ditado, "uma mão lava a outra e as duas se lavam".

- Sempre que for viajar com seus filhos conceda a eles uma mesada. Certa vez, viajamos com nossos filhos para a cidade de Fortaleza-CE. Estava apreensiva, pois, uma semana antes da viagem, fizemos um passeio a uma cidade vizinha e os meninos fizeram gastos desnecessários e extravagantes com doces e guloseimas. Meu esposo comentou que, dessa forma, seria difícil viajar com eles, pois estavam sem controle. Então pensei: "não quero cancelar a viagem pelo receio de não os controlar financeiramente". Logo pensei o que fazer e, de repente, me veio a estratégia de dar a eles uma mesada para a viagem, a fim de administrarem seus gastos com doces e guloseimas. Confesso que no início achei que não surtiria tanto efeito, por ser a primeira vez que iriam se administrar com os próprios recursos, mas, para a minha surpresa, foi a melhor experiência. Administraram tão bem que voltaram da viagem com dinheiro.

- Se você é empreendedor, jamais passe para os seus filhos que sua jornada se resume a pagar boletos e que vida de empresário é só pagar impostos – até porque, se você faz planejamento tributário e financeiro, saberá que quem paga os impostos é o consumidor final, pois os custos com impostos já estão embutidos no preço final do produto que será comercializado. Para ter sucessores e não somente herdeiros, observe o que faz e fala; seus filhos estão sempre lhe observando!

É fundamental, para nos aprofundarmos sobre consultoria financeira, conhecermos o nosso perfil comportamental.

Há várias teorias sobre tipos de perfil comportamental. Um modelo comum é o DISC, que classifica as pessoas em dominante, influente, estável e conforme. O modelo DISC é uma ferramenta popular de avaliação de perfil comportamental, que divide as pessoas em quatro principais tipos.

1. Dominante: pessoas dominantes são assertivas, orientadas para resultados e gostam de desafios. Elas tendem a ser autossuficientes e focadas em alcançar objetivos. A fala do dominante é: eu consigo fazer sozinho. Pode deixar que dou conta do recado.

2. Influente: indivíduos influentes são sociáveis, otimistas e persuasivos. Eles se destacam em trabalhar com os outros, são expressivos e gostam de interações sociais. A fala do influente é: sempre acha que vai dar certo, para ele só há fatores positivos, os negativos não existem.

3. Estável: pessoas estáveis são cooperativas, pacientes e leais. Elas valorizam relações interpessoais, são confiáveis e preferem ambientes de trabalho estáveis. Gostam de ter clareza, precisam ter conhecimento de como serão começo, meio e fim de todo processo.

4. Conforme: Indivíduos conformes são precisos, analíticos e atentos aos detalhes. Eles se destacam em seguir procedimentos, são meticulosos e buscam qualidade. O conforme é extremamente executor, não se preocupada muito com resultado, é totalmente voltado para o processo e para como concluí-lo.

Agora que você já deve ter identificado qual é o seu perfil comportamental, vamos saber como precisa se comportar mediante as finanças.

Como o comportamento dos dominantes tende a ser assertivos e orientados para metas, eles podem ser decisivos ao tomar decisões financeiras e buscam ativamente oportunidades de novos investimentos.

Indivíduos com traços influentes, em relação a finanças, costumam ser sociáveis e orientados para o relacionamento. Eles podem ser propensos a buscar conselhos financeiros de outras pessoas e podem ser influenciados por opiniões e tendências do mercado. Eles se sentem mais à vontade ao investir em oportunidades que estão em alta ou que são populares no momento. Mas, por medida de precaução, é aconselhável ouvir a orientação ou opinião de uma pessoa que está com o olhar fora do processo de investimento em que será aplicado.

O comportamento estável geralmente é mais paciente, persistente e avesso a grandes mudanças. Ele tende a preferir uma abordagem financeira mais consistente e previsível, optando por investimentos de longo prazo e evitando decisões impulsivas. A estabilidade emocional desempenha um papel significativo, pois ele busca evitar situações financeiras instáveis. O estável evita ter preocupações desnecessárias, é avesso a tomar decisões influenciados por pressões de outras pessoas.

Indivíduos com traços conformes, em relação a finanças, tendem a ser mais cuidadosos, metódicos e orientados para a segurança. Eles podem ser propensos a seguir regras financeiras estabelecidas, evitar riscos significativos e optar por opções de investimento mais estáveis e tradicionais. O comportamento conforme geralmente busca minimizar incertezas e manter uma abordagem mais conservadora em relação às finanças. Dificilmente será empreendedor, não gosta de incertezas e não se administra muito bem emocionalmente com riscos financeiros.

E agora o que fazer se sou dominante e preciso ser influente? Sou conforme e preciso ser estável? Ou vice-versa?

Como já foi possível identificar, seu perfil comportamental é como você se comportar mediante as finanças. É também importante ressaltar que podemos desenvolver até dois perfis comportamentais, ou seja, posso ser dominante e influente, estável e conforme.

Mas, se sou dominante e se faz necessário ser conforme, o que fazer? Você pode, por meio do conhecimento adquirido, desenvolver técnicas que lhe permitam desenvolver outro perfil comportamental. Caso não seja possível, é recomentado que tenha conexões com pessoas que tenham o perfil que você necessita para obter os resultados propostos dentro do seu planejamento financeiro.

Acredito que, após a leitura deste capítulo, você estará apto a iniciar sua jornada de um planejamento financeiro de sucesso, com muito mais segurança e clareza da sua vida financeira, também tendo a consciência de que, muitas vezes, não foi possível chegar ao resultado esperado por falta de conhecimento financeiro, por não se conhecer e não identificar sua persona, que a maioria dos erros cometidos acontece com mais de 60% da população brasileira.

Ao compartilhar minhas experiências, gostaria de estar contribuindo com seu crescimento financeiro, tanto daqueles que desejam iniciar seu planejamento financeiro quanto daqueles que querem se aperfeiçoar.

Os principais fatores que levam a uma vida financeira de sucesso são:

- inicie toda e qualquer meta ou sonho na sua vida com um planejamento;
- estabeleça um prazo, seja ele de curto, médio ou longo prazo;
- gaste sempre menos do que ganha;
- tenha uma reserva de segurança;
- não compre por impulso;
- tenha uma planilha de receitas e despesas mensal;
- sempre peça orientação antes de fazer investimentos ou iniciar um empreendimento ; e
- tenha entendimento do que é prosperidade e riqueza.

É necessário compreender que, para todo sucesso financeiro, existe um processo e, no decorrer da caminhada, haverá erros e acertos, mas o importante é não desistir e sempre persistir. Recomeçar quantas vezes for necessário.

Agradecimentos

Ao meu lindo pai e amigo Jesus Cristo, que me concedeu as habilidades para conhecer sobre finanças e transmitir esse conhecimento a muitos. Um beijo, Jesus!

A educação financeira é o código que dá acesso para planejar e realizar sonhos.

Kátia Telles

RENARA COSTA SANTANA

Eu me chamo Renara, tenho 21 anos, sou natural de Rondonópolis/MT, mas cresci e moro em uma chácara com a minha família no município de Wanderlândia/TO.

Sou estudante e venho realizando diversos vestibulares regionais e o Enem desde de 2020, para poder ingressar no meu curso dos sonhos, a Medicina. Além disso, no meu tempo livre, eu costumo assistir a séries asiáticas e escutar músicas também desse estilo. Além do fato de amar dormir, digamos que eu seja uma pessoa mais caseira.

renaracsantana

renaracostasantana@gmail.com

OS SEGREDOS DA ALTA PERFORMANCE

13 CHAVE, FECHADURA E PORTA

Por Renara Costa Santana

Produzindo uma chave.

O processo para produzir uma chave demanda tempo e esforço. Meu processo para conseguir saber qual seria a minha chave e qual caminho eu deveria seguir foi um processo mais rápido do que imaginei, mas o caminho que eu decidi percorrer por causa da minha chave não seria nada fácil, pois a chave que decidi escolher e fabricar, outras pessoas também almejavam, então não seria fácil vencer a fechadura em meio a tanta concorrência.

Para se abrir a fechadura de uma porta, é necessário saber qual a chave correta a ser utilizada. Quando já se sabe a chave, necessita-se esforço, como girar a chave para poder abrir a porta. Bom, a "chave" na minha vida foi o curso que eu decidi cursar no ensino superior, a Medicina, o "girar a chave" seriam os métodos que utilizaria para enfrentar a "fechadura", que são os vestibulares, para que finalmente conseguisse abrir a porta, que é a minha vaga em Medicina.

No ano de 2013, quando eu iniciava a quinta série do ensino fundamental, foi o período no qual me recordo que havia decidido que queria cursar Medicina no ensino superior. Então, foi nesse momento que eu encontrei a minha chave. O que não sabia naquele momento é que essa seria uma jornada que envolveria um misto de sensações e sentimentos, como felicidade, frustração, ansiedade e medo, e que diversas vezes eu pensaria em desistir dessa minha chave.

Desde do meu início da vida escolar, eu sempre fui uma pessoa extremamente preocupada com a minha notas, então sempre me esforçava o máximo para garantir ter boas notas, porque ter boas notas na minha cabeça, era extremamente necessário para ter um bom futuro e conseguir alcançar rapidamente os meus sonhos, ou seja, conseguir girar a minha chave na fechadura em pouquíssimo tempo, resultando na abertura da minha porta para a Medicina. O que eu não esperava é que não seria exatamente assim o meu futuro. E ter esse tipo de pensamento, que logo depois que eu terminasse o ensino médio, já entraria no ensino superior, fez com que eu ficasse em choque quando recebesse o meu resultado do Enem de 2020, pois ter boas notas em vestibulares não bastava saber apenas conteúdo, envolvia também outros mecanismos.

Hoje, com a idade que tenho, eu percebo que sou uma pessoa que se cobra ao extremo, seja para ter boas notas ou conseguir alguma aprovação em um vestibular, porque sempre quero deixar as pessoas ao meu redor orgulhosas de mim, e noto o quanto isso me prejudica, pois, quando eu não alcanço o meu objetivo, penso que não sou uma pessoa digna de ser o orgulho de outras pessoas, e isso faz com que eu me sinta frustrada comigo. Isso resultou em alguns momentos em que eu achei que não conseguiria mais ter força para girar a chave.

No ano de 2017, comecei a fazer provas para poder ingressar no ensino médio. Para a escola em que eu queria entrar, precisava fazer uma espécie de vestibular. Esse foi o meu primeiro contato com esse estilo de prova. Recordo até hoje a sensação de medo, ansiedade e o nervosismo que eu senti, e perguntas que vinham frequentemente à minha cabeça: "será que eu vou conseguir responder todas as questões?", "se eu não passar, o que vou fazer?", "e se eu errar no gabarito?" e "não quero decepcionar meus pais, então eu preciso passar". E diversas frases dessas quase sempre vinham à minha cabeça na hora de fazer outros vestibulares.

No final do ano eu realizei a prova para o Instituto Federal do Tocantins (IFTO) e para o Colégio Militar do Estado do Tocantins Dr. José Aluísio da Silva Luz (CMTO). Meu objetivo era ter entrado para o IFTO, no entanto, eu fui aprovada primeiramente no CMTO e, para não correr o risco de perder a vaga, meus pais fizeram a minha matrícula, e não me arrependo dessa escolha.

2018, foi um ano em que experimentei e testei coisas novas, por exemplo, ao longo da minha vida acadêmica, eu nunca tinha ficado de recuperação antes, no entanto, quando vi que teria que fazer a recuperação bimestral por ter ficado de recuperação em Biologia por dois décimos, senti que meu mundo estava desabando, pois senti que não era capaz, principalmente, depois que vi minhas notas no primeiro semestre, pois aquele não era meu padrão de notas, então comecei a entrar em desespero.

Quando eu cheguei em casa no dia em que havia recebido a notícia, abracei o meu pai e chorei, dizendo que iria ficar de ano, porque havia reprovado em Biologia. Tanto meu pai quanto minha mãe me disseram que tudo iria ficar bem e que uma reprovação não fazia de mim uma pessoa incapaz. Mas sabe o que percebi? Que aquela era a mesma sensação que eu sentia quando tinha resultados negativos nos vestibulares: achava que era uma decepção ter estudado tanto e não ter tido a aprovação, sentia que falhava comigo e com as pessoas ao meu redor.

O ano de 2018 foi a minha primeira vez fazendo Enem. Fiquei muito nervosa quando eu cheguei, pois não sabia como era o estilo de prova ou quais os métodos que deveria utilizar para conseguir responder mais rápido. Então, desde 2018, eu faço o Enem, e os meus resultados de 2018 e 2019 não me agradaram muito, mas, na minha cabeça, com certeza conseguiria ingressar na faculdade após sair do terceiro ano, pois essa sempre foi a imagem que eu tive.

Bom, não foi bem isso o que aconteceu.

Quando chegou 2020, o ano em que eu faria o terceiro ano do ensino médio, aquele seria o ano em que algumas coisas aconteceriam na minha vida, e eu iria me dedicar ao máximo naquele ano para conseguir entrar na faculdade. No entanto, chegou a pandemia, e minha escola passou a dar aulas *on-line*.

Quando finalmente chegou o Enem, eu fiquei nervosa, pois, a partir daquele momento, a minha nota iria determinar o meu futuro, mas, por minhas notas serem excelentes naquele momento, eu não tinha dúvidas de que iria conseguir o meu objetivo.

No ano de 2021, eu recebia a minha nota do Enem de 2020. Aquela seria a nota que iria determinar se existia a possibilidade de eu ingressar no curso dos meus sonhos, a Medicina. No entanto, eu já sabia que minha nota não era suficiente, pois já havia corrigido a minha prova. E esse foi um dos principais motivos pelos quais nunca corrijo uma prova antes de sair o resultado final, pois não gosto de sofrer por antecipação.

Ver a nota que eu tirei foi um choque tão grande, que lembro do quanto chorei, do quanto me senti incapaz, pois todos os meus amigos tinham entrado na faculdade. Eles tinham conseguido encontrar a chave deles e girá-la na fechadura correta, tinham conseguido abrir a sua porta, e eu me perguntava por que não tinha conseguido, o que tinha feito de errado, e foi essa a primeira vez que pensei que deveria desistir do meu sonho, pois pensava que não era capaz de alcançá-lo.

Quais os métodos para girar a chave?

Desde de 2020, eu passei a utilizar técnicas para abrir a minha porta. Algumas delas falharam de início, pois eu não sabia a maneira correta de utilizá-las, mas com o tempo fui aprendendo, e isso foi necessário para o meu desenvolvimento. No ano de 2020, eu fiz cursinho *on-line* devido à pandemia, e foi nesse ano que, pela primeira vez, desenvolvi uma rotina de estudos voltada essencialmente para fazer vestibulares e o Enem.

- 1º método: elaboração de um planejamento semanal.

Primeiro, coloque quais são as tarefas que precisam ser realizadas todos os dias, depois veja quais são os momentos do dia em que você está disponível para estudar e permita que nessa rotina tenha espaço para erros e para lazer e descanso, pois isso é essencial para sempre ter seu corpo e mente descansados para o estudo.

Os cronogramas semanais são importantes, porque assim você vai conseguir planejar sua semana de maneira eficiente. E não desmonte seu planejamento, caso algo não tenha saído como esperado, pois, no dia seguinte, você pode recomeçar. Mas dois avisos: o primeiro é que você deve fazer isso baseado na sua rotina, precisa ver quais serão os tempos disponíveis que serão voltados para o estudo, o que deve estudar, mas deixando um espaço no planejamento para estudar alguma matéria perdida, por exemplo; e o segundo é que eu não recomendo fazer planejamento de longo prazo, por exemplo, você não deve planejar tudo aquilo que irá fazer no mês, pois nunca se sabe como vai estar sua rotina daqui duas semanas.

Os meus dois avisos foram os meus principais erros do meu primeiro ano de cursinho. Primeiro, eu fazia o meu planejamento para umas três semanas e anotava coisas do tipo: que horário eu deveria estudar, quais os conteúdos deveria estudar, quando seriam os meus descansos, colocando principalmente os horários em que deveria fazer tudo aquilo. E eu seguia tudo à risca, pois queria que minha rotina fosse perfeita, sem nenhum erro. No entanto, se eu acordasse 30 minutos atrasada ou demorasse mais tempo estudando uma determinada matéria do que o planejado, já pensava que já tinha perdido meu dia e o meu planejamento das semanas, pois não tinha espaço na minha agenda para estudar o conteúdo que não tinha dado tempo de estudar no dia. Então, eu desistia e, no dia seguinte, fazia outro planejamento, e depois mais outro, ou seja, não tinha uma rotina flexível para erros.

Quando chegou o Enem, me sentia mais nervosa do que nos outros anos, pois eu não queria fazer mais um ano de cursinho. No entanto, meu resultado não foi o suficiente, e tive que encarar mais um ano de cursinho.

Em 2021, eu comecei a fazer cursinho presencialmente no Colégio Invictos, em Araguaína. Foi um pouco difícil no início, pois fazia mais de um ano que eu não pisava os pés em uma sala de aula, além de ser um lugar extremamente novo para mim, porque não conhecia ninguém daquela instituição, mas isso mudou com o tempo.

- 2º método: conheça a banca que irá elaborar a prova que você irá realizar e faça o máximo de exercícios possível daquela instituição que envolva a sua prova.

No tempo voltado para o estudo, faça o máximo de exercícios possível da banca que irá desenvolver o vestibular ou concurso que você deseja fazer, pois de nada adianta saber o conteúdo, se não vai conseguir aplicá-lo na prática. Conheça e estude a banca que vai elaborar a sua prova, tente entender qual é o estilo de prova que ela costuma aplicar, como é seu método de avaliação.

No meu primeiro ano de cursinho, eu lembro de passar horas e horas estudando, mas poucas horas fazendo exercícios, então desejava mudar isso no meu segundo ano de cursinho. Primeiro, eu coloquei em prática o primeiro método, anotei tudo aquilo que sempre estaria presente na minha rotina independentemente se houvesse imprevistos. Minha rotina se tornou extremamente cansativa. No entanto, apesar de ser uma rotina bem pesada, era necessária para girar a minha chave na fechadura da minha porta. Após colocar o primeiro método em prática, coloquei o segundo também, resolvendo exercícios e tentando conhecer as bancas que iriam elaborar os vestibulares que eu iria fazer.

E isso me trouxe ótimos resultados no Enem de 2022. Pela primeira vez, eu tinha conseguido aumentar bastante minha nota comparada aos anos anteriores, mas ainda não era o suficiente. No ano seguinte, teria que fazer novamente mais um ano de cursinho, o meu terceiro ano de cursinho, para ser mais exata. Esse foi um pouco mais difícil do que os outros, porque, se antes eu me questionava se esse era o curso que realmente queria fazer, agora me perguntava se não estava ficando velha demais para realizar esse meu sonho, pois estava com 20 anos. Além de lidar com esse tipo de situação, tinha que lidar também com os comentários de pessoas próximas a mim dizendo que eu deveria tentar outro curso, pois o tempo estava passando e nada de ser aprovada.

Baseada nisso, eu dou um conselho: se você conhece uma pessoa que está fazendo vestibular ou já é formada, mas mesmo assim não está feliz com o que faz e está tentando outra vez fazer outro curso, nunca seja a pessoa que a desmotiva por ela ser considerada "velha" demais para seguir seu sonho, porque isso pode destruir lentamente alguém por dentro, pois sonhos não tem idade.

Eu vivi esse sentimento e, com o tempo, isso me gerou dúvidas quando fui aprovada pelo Sisu de 2023, no primeiro semestre, para a Universidade Federal do Mato Grosso, para Biomedicina, e no segundo semestre, para a Universidade Federal do Tocantins, para Engenharia Civil.

Eu me perguntava se não deveria logo desistir do meu sonho, que era cursar Medicina, e tentar outro curso, fazer outra faculdade, pois já estava há um tempo fazendo cursinho e, a cada ano que passava, mais velha eu ficava. No entanto, meu pai, minha mãe e minha irmã nunca me disseram nenhuma dessas coisas, eles sempre me incentivaram a seguir os meus sonhos. Meus pais sempre me disseram que fariam o possível e o impossível para me ajudar a realizar os meus sonhos. Eles me diziam que idade era só um número e que sonho não tem idade. Foram e ainda são os meus pilares para chegar aonde estou hoje. Eles me acolheram em cada resultado negativo que eu tive e comemoraram comigo toda vitória que conseguia.

Então, apesar de ser doloroso escutar que eu deveria tentar outro curso e que estava velha demais para fazer Medicina, isso me trouxe o seguinte ensinamento: nunca vou estar velha demais para realizar os meus sonhos. Se é um sonho meu, não importa a idade que eu tenha, vou conseguir alcançá-lo. No ano de 2023, eu usei isso e o apoio que sempre tive da minha família para ser meu motor nos meus estudos para realizar vestibulares que me permitiriam cursar Medicina.

O ano de 2023 seria também um pouco diferente, pois seria a primeira vez que eu iria estudar com a minha irmã, além de ser o primeiro ano de cursinho dela. Somado a isso, nós duas fizemos amizade com uma nova aluna do cursinho, que também estava fazendo o primeiro ano de curso, a Maryanna. Nós três nos tornamos inseparáveis, e isso nos ajudou a suportar os processos dos vestibulares.

- 3º método: corrija os erros, porque, além de ser importante acertar uma questão, é importante também errar, pois é por meio do erro que você irá descobrir quais são seus pontos fracos e assim poderá focar um pouco mais de tempo para aprimorá-los.

Esse método eu coloquei mais em prática em 2023, pois foi quando passei a questionar bem mais e ir atrás dos meus erros, ou seja, toda vez que eu errava uma questão de uma matéria específica, ia atrás do professor daquela matéria para sanar a minha dúvida. O que estou dizendo é: assim como é importante resolver exercícios, é também importante corrigir as questões que você errou e entender o que lhe fez errar aquela questão.

Outro método poderosíssimo ligado a esse é fazer simulado, é você simular como faria no dia do vestibular ou concurso, cronometrando o tempo que demora para resolver as questões da prova.

No segundo semestre de 2023, eu foquei somente no Enem, mas não deixei de fazer outros vestibulares, como o da UFT e o da Unitins.

Um tempo depois, eu comecei a ter mentorias com Karen Batista. Minha mãe foi primordial para essas mentorias, pois foi por meio dela que eu e minha irmã conseguimos fazer as mentorias.

- 4º método: preocupe-se com sua saúde emocional.

Cuide de sua saúde emocional. Não vale a pena saber tudo sobre uma prova, se na hora o seu emocional estará quebrado. Se algum momento precisar chorar, então chore, isso é essencial para liberar todos os sentimentos ruins que você estiver sentindo naquele momento. Eu não fazia isso facilmente, pois pensava que chorar essa um sinônimo de fraqueza, e não é, porque chorar demostra o quanto você foi forte por aguentar todo aquele sentimento ruim por muito tempo. Então, toda vez que preciso esvaziar sentimentos ruins, eu choro.

A Karen Batista me fez perceber que, apesar do meu intelectual estar excepcional, o meu emocional estava péssimo, pois em todas as provas eu me sentia da mesma maneira, sentia que não deveria errar nenhuma questão, pois iria ter reprovações novamente, e ela me passou uma série de ferramentas para eu poder entender de que era capaz, que uma prova não iria me definir e que estava tudo bem chorar durante esse processo. Quando eu passei a utilizar as ferramentas e entender que uma prova não me definia, foi a primeira vez que me senti calma para fazer uma prova. Eu escolhi a roupa que iria vestir, a maquiagem que iria usar. Essas coisas foram inéditas para mim, pois eu sempre achava que deveria focar em não passar mal na prova e ter excelentes resultados, e não em como eu estava me sentindo emocionalmente antes, durante e após a prova, e isso mudou significamente os meus resultados.

Nesse semestre, eu havia feito vestibular para a UFT e a Unitins e, quando recebi os resultado, infelizmente não havia passado, mas, pela primeira vez, não senti culpa por não ter passado, eu não me senti uma perdedora, alguém sem valor. Eu não chorei de culpa por não ter conseguido, sendo que, nos anos anteriores, todas as vezes que tinha resultados negativos, eu não chorava por não ter passado, chorava por não ter sido capaz de ser aprovada, e essa culpa me corroía por dentro.

E sabe por que eu me sentia assim? Porque me sentia um peso para meus pais: eles pagavam um preço alto para eu poder estudar, a única coisa que eu fazia era estudar, então por que eu nunca conseguia aquilo que tanto queria, que era a minha aprovação em Medicina? Mas, após perceber que aqueles resultados não me definiam e que posso continuar tentando sem me sentir culpada por tentar de novo, que sei que não sou um peso para meus pais por não ter passado, porque eles sempre me disseram que iriam me apoiar, independentemente dos meus resultados, eu não me senti mais culpada por não ser aprovada.

- 5º método: na semana em que precisa realizar uma prova importante, você deve desacelerar, tentar ao máximo descansar a mente e o corpo, pois não é em uma semana que vai aprender todo o conteúdo que não deu tempo de estudar.

Na semana do Enem, eu somente estudava no cursinho. Quando chegava em casa, não mexia em nada envolvendo meus estudos, eu procurava séries para assistir, colocava um fone de ouvido, escutava meu estilo de música preferido, por exemplo, as músicas do BTS, às vezes até mesmo dançando, ou ia simplesmente dormir mais cedo. Isso me ajudou muito a chegar ao dia da prova descansada.

No dia do Enem, eu fiquei calma durante a prova, mas, assim que saí de lá e vi várias pessoas comentando sobre a prova, sobre as questões, simplesmente comecei a chorar, por pensar que não tinha conseguido, mais uma vez. No segundo dia, eu evitei olhar as redes sociais para não me frustrar novamente.

- 6º método: após a prova, seu corpo e sua mente precisam de descanso.

Não vale a pena ficar pensando naquilo que você poderia ter feito durante a prova, porque isso não irá valer a pena, simplesmente só vai deixá-lo mais ansioso. Então, mude sua rotina após uma prova importante, por exemplo, em vez de ir olhar as redes sociais, para ver o que estão comentando sobre a prova, assista a um filme, procure meios de descansar a sua mente.

Quando saiu o gabarito oficial, eu não corrigi a minha prova, e você já deve saber o porquê: não queria me frustrar com um possível resultado negativo. E é isso que eu sempre faço após uma prova, não a corrijo até que se lance quem foram os aprovados e os reprovados, pois isso me permite ficar mais calma quando sai o resultado.

No dia 16 de janeiro de 2024, saiu o resultado do Enem. Quando eu vi o meu resultado, simplesmente chorei de alegria, pois foi um resultado que nunca tinha alcançado, e isso me deixa cada vez mais perto do meu sonho. E é assim que eu tenho vivido a minha jornada para Medicina: aos poucos vou conseguindo girar cada vez mais a minha chave na fechadura, para que no final consiga alcançar a minha vaga no curso com que tanto sonho.

Sonhos não têm idade.

Renara Costa Santana

SILMARA DE LEÃO MENDES

Sou Silmara de Leão Mendes, com 32 anos, natural de Cametá/PA. Resido atualmente em Altamira/PA. Bacharelada em Direito pela Universidade de Cuiabá/MT (2015) e pós-graduanda em Direito Previdenciário e Direito Médico e da Saúde, atuo como advogada em todo o Brasil.

Sou artesã e proprietária do ateliê Mãos de Tereza. Na comunidade católica, atuo como palestrante, formadora e ministra extraordinária da eucaristia.

Fazer parte da estante de alguém e inspirar a não desistir de sonhar é uma realização pessoal, pois se um(a) pequeno(a) leitor(a) tiver a vida transformada, ainda que por uma frase deste exemplar, todo esse mover vai ter valido a pena.

silmaradeleao.mendes

+55 (93) 99197-6758

Silmara de Leão Mendes

silmaramendesdeleao@gmail.com

OS SEGREDOS DA ALTA PERFORMANCE

14

RESILIÊNCIA OU PERSEVERANÇA? EU CHAMO DE TEIMOSIA!

Por Silmara de Leão Mendes

Quando eu era pequena, minha professora pediu para fazermos um trabalho escolar: "Como seus pais escolheram seu nome?". Eu cheguei em casa e perguntei a minha mãe qual era o significado do meu nome, e, ela me contou que "sil" era do primeiro nome dela; "ma", da avó materna; e "ra", da avó paterna.

Na juventude, eu tive a curiosidade de pesquisar se haviam outras Silmaras por aí, já que não é um nome tão comum. Foi então que encontrei este significado: "Nome feminino de origem germânica, Silmara é derivado de 'Siegmar', que significa 'célebre pela vitória'."[1] aquela que é famosa em razão das suas vitórias' ou 'a dona da vitória". Foram muitas indagações a partir daquele momento, até perceber que minha mãe não poderia ter me dado nome melhor, pois, com o passar dos anos, pude celebrar várias pequenas vitórias até esta que partilharei com vocês neste capítulo.

Já quis ser muitas coisas, médica, bailarina, sargenta da Marinha, astronauta, a globeleza, atriz da Rede Globo, aeromoça, dona de várias lojas na minha cidade, escritora, mãe de 10 ou 13 filhos, esposa, professora, ou até nada. Mudava de ideia como uma criança de vasta imaginação.

Com o passar do tempo, os desejos foram mudando e, de fato, tudo era meio levado na brincadeira; minha nota no vestibular não era a melhor, a ponto de sair pelas ruas cantando "alô, alô, papai. Alô, mamãe, põe a vitrola pra tocar, pode soltar foguetes que eu passei no vestibular".

[1] REVISTA CRESCER. Guia de nomes. Disponível em: https://revistacrescer.globo.com/guia-de-nomes/silmara/index/feed/pagina-7#:~:text=Nome%20feminino%20de%20origem%20germ%C3%A2nica,%22a%20dona%20da%20vit%C3%B3ria%22. Acesso em: 05 abr. 2024.

A nota foi baixa e ouvi dos meus pais: "com essa nota, você não consegue nem ser atriz, tampouco professora". Em 2010, o Prouni me permitia escolher 5 cursos, e foi então que comecei minha seleção com a ajuda da minha mãe. Escolhi os cursos de Psicologia, Administração, Recursos Humanos, Enfermagem, mas faltava um.

Minha mãe disse: "Coloca Direito. Advogados ganham muito dinheiro!". Eu nem cogitava Direito, mas marquei. Quando saiu o resultado da 1ª chamada, passei para Administração na cidade de Jussara/GO, mas não fui, pois meus pais já tinham muitas despesas com minha irmã em Mato Grosso e não conseguiriam me sustentar em um lugar diverso.

Meses depois, viajei de férias com meus pais, sem esperanças de passar em qualquer curso que fosse, já me conformando em fazer cursinho, abri meu e-mail e a surpresa: "Parabéns! Você foi selecionada na 4 ª chamada do Prouni para o curso de...". É isso mesmo, quando chegou na parte de ver o curso, não dava para saber para qual eu havia passado.

Quando descobri que era Direito, confesso que fiquei chateada. Minha mãe ficou feliz e meu pai também — apesar de não ter expressado, sei que ficou feliz, pois ele comentava que tinha o sonho de ser advogado.

Eu me questionava "como vou fazer 5 anos de um curso que nem cogitava? Será que não tem como trocar?" A administração do curso me sugeriu que eu cursasse o 1º semestre e depois trocasse.

Após o 1º semestre, com boas notas, eu já estava gostando daquilo, já havia me tornado líder de sala, feito amizades e resolvi esperar mais um pouco para decidir se iria trocar de curso.

No 5º semestre, terminei um relacionamento que me abalou emocionalmente, então tranquei o curso e iria voltar para casa, fazer cursinho e tentar Medicina. O problema não era só o relacionamento que acabou, mas também a saudade de casa. Na véspera de voltar para casa, recebi um e-mail importante: era o TJ do Mato Grosso me convocando para ser estagiária.

Um filme passou na minha cabeça naquele momento. Eu tinha 24 horas para me apresentar. Meus móveis praticamente já todos vendidos, e eu tinha um motivo para ficar, fazer estágio no lugar dos meus sonhos. Era quase impossível me chamarem, minha colocação era a 60ª. A partir dali, resolvi ficar e reescrever minha história, bem como lutar por um curso que ainda não era meu, um curso que me escolheu por algum motivo e que com certeza me conquistou com o tempo.

Voltei para a faculdade e iniciei o estágio no tribunal. Foram dois anos de muito aprendizado, que espero partilhar num outro momento, posteriormente consegui emprego em um escritório sem remuneração e, após o fim do estágio, em 2015, iniciei em um escritório com remuneração.

Trabalhei com uma advogada que, para mim, era uma super-heroína. Eu a admirava pela força e pelo respeito que ela tinha dos colegas. Ela atuava para grandes empresas, o que me deixava ainda orgulhosa, mas eu trabalhava muito, então comecei a sentir a pressão do escritório, devido à rotatividade de advogadas, e fui cansando, ficando doente. Foi nesse período que, após várias tentativas, passei pela 1ª vez na 1ª fase da OAB.

Pedi demissão e não passei na segunda fase da OAB. Ocorre que troquei o nome da peça na hora de passar do gabarito para a prova, e fui para repescagem. Após a prova de repescagem, viajei para o Paraná com o objetivo de conhecer um mosteiro "carmelo", pois sentia o desejo de ser freira e, no mesmo período da viagem, saiu o resultado da repescagem mas optei por não recorrer.

Após conhecer o convento, iniciei o acompanhamento, comecei a trabalhar como cuidadora de idosos e babá para me manter. Continuei fazendo as provas e a aprovação não vinha, uma verdadeira via sacra começando.

Em 2017, por questões familiares, voltei para o Pará e voltei a fazer a prova. O convento do Paraná me dispensou e pediu para eu procurar um carmelo no meu estado. Foi quando o carmelo de Benevides/PA me aceitou como vocacionada.

Mesmo querendo entrar no convento eu não podia, precisava quitar a dívida de quase 22 mil reais do Fies, pois, minha bolsa era de 50% e precisei financiar o restante. Chegando à minha cidade consegui trabalho em um escritório e, a partir desse trabalho, senti a necessidade de passar na prova.

Voltei a fazer a prova e, ainda assim, continuei recebendo uma reprovação após a outra; sempre faltavam 5, 6 ou 4 questões para alcançar os 40 pontos. Chegou um momento em que eu falei para mim mesma que não iria mais contar quantas provas já tinha feito. Dentro de casa, eu nem tinha mais tanto apoio, porque estava tão frustrada que não conseguia demonstrar esforço, então foi cortada a minha ajuda para cursinhos ou viagens para realizar o exame.

Na minha pior pontuação, fiz 25 acertos. Meu pai estava comigo e fiquei com vergonha de contar para ele, esperei ele me perguntar quantos pontos havia feito. Quando ele perguntou, eu respondi: "25 pontos! Foi minha pior nota, pai". Ele silenciou e disse: "Filha, um dia vai dar certo! Sabe por que vamos chegar em casa mais tarde? Porque estamos dirigindo até lá. Uma hora vamos chegar, assim vai ser a prova."

O que meu pai falou me deu forças para continuar tentando. Ele me deu um bom conselho na minha pior prova, mas isso não quer dizer que pessoas pessimistas não se aproximassem de mim. Outra vez, estava chorando muito na igreja, uma conhecida se sentou ao meu lado e perguntou por que eu estava chorando, e respondi: "Está chegando a prova da OAB e eu fico tão sensível..!".

Ela então respondeu: "A filha da "fulana" da paróquia tentou várias vezes e não passou. Ela desistiu e foi fazer outra faculdade. Desiste dessa prova, Silmara. Às vezes, Deus está falando que é para você fazer outra coisa. Já tentou tantas vezes, já deveria ter desistido".

Eu olhei para ela com os olhos marejados e falei: "Santa Teresinha diz que Deus não nos dá sonhos impossíveis, Ele não colocaria no meu coração algo que eu não pudesse realizar".

Muitas pessoas me pediram para desistir, mas uma voz dentro de mim falava: "Você não vai parar até conseguir. Você não deve parar até conseguir, porque não sabe em qual estação vai ser a sua hora de subir no trem". Foi então que comecei a me questionar: "por que quero tanto? Não deveria querer tanto. Se vou ser freira, eu deveria não desejar tanto". Por meses, esse querer que crescia dentro de mim me incomodava, e estava me tirando o sono.

Liguei para a madre em fevereiro de 2022 e pedi a dispensa do carmelo. Meu coração não estava mais lá! Após me ouvir, ela disse que só poderia acolher meu pedido, se eu respondesse como me sentia em relação a isso. E eu respondi: "Aliviada!". E, com risos ela disse: "Acolho sua dispensa."

Ela me perguntou, como tomei aquela decisão, e respondi que, além de desejar uma família, eu sentia dentro de mim um desejo de estudar para a prova que me fazia me ver daqui 5 anos e, quando eu me olhava, lá na frente, me via como uma grande advogada e bem-sucedida, ajudando muitas pessoas. Eu me via sendo uma referência, mas, ao mesmo tempo, tinha medo: "será que não era pecado desejar tanto?"

Ela ouviu tudo com atenção e falou: "Filha, se nosso Senhor está colocando tudo isso no seu coração, não tenha medo, siga esse caminho que Ele está mostrando. Não poderia Deus colocar algo errado dentro do seu coração. Peça a Ele que lhe conduza e que a vaidade, o orgulho e a soberba não lhe encontrem. Busque ser humilde. Se Deus a está chamando para ser uma grande advogada, é porque Ele tem um propósito e precisa de você para ajudar muitas pessoas. Não tenha medo, estude e faça o que Deus lhe pede."

Após essa conversa, comecei a fazer movimentos para que a aprovação viesse, comecei um novo curso, e fiz diferente de todas as outras vezes: Comprei uma mesa, canetas, parei de assistir séries, novelas, terminei um relacionamento tóxico e me desfiz de qualquer coisa que pudesse me distrair. Exclui o Instagram e falei para mim mesma, que só voltaria para a rede social como advogada, ainda que demorasse.

Foram meses de estudo, e eu confesso que não tinha ânimo, tinha dias que a vontade não existia. Ter que acordar, trabalhar e ainda chegar em casa e estudar era tudo muito cansativo, mas eu não poderia desistir, pois desistir não era uma opção.

Apesar da boa vontade, acabei entrando em colapso com a rotina sobrecarregada. Busquei um sacerdote para me confessar e aliviar as crises de choro. As mãos suavam e tremiam, e foi quando, no confessionário, veio um desmaio, o qual sinalizou que eu precisava de ajuda profissional.

A psiquiatra me deu o diagnóstico de ansiedade sazonal, que ocorria sempre na véspera da prova. FUI medicada, no entanto, essa medicação era por tempo limitado, 2 meses até iniciar a terapia e conseguir fazer a próxima prova.

Realizei minha primeira prova sob medicação: 37 pontos, tive três crises de ansiedade durante a prova, meu coração parecia que ia sair pela boca, um desejo de sair da sala, as mãos suavam, respirei e falei: "Preciso voltar para minha tarefa". Após o resultado, a frustração, ainda não era o momento. Houve pelo menos 5 anulações e nenhuma me beneficiava.

Naquela noite, chorei muito, mas não era de tristeza, porque, apesar das adversidades da prova, da ansiedade e de um relacionamento conturbado, eu tinha quase conseguido.

Inscrevi-me para o exame XXXVII e tinha certeza de que ia dar certo, seria a minha primeira prova após iniciar a terapia e sem medicação. A essa não fui sozinha, levei comigo todas as pessoas que poderiam estar esperando-me tornar advogada. Levei comigo uma frase que meu antigo patrão me falou várias vezes: "Eu queria que você se visse como eu a vejo. Se tivesse noção do quanto você sabe, do quanto você é capaz...". Eu levei tanta certeza para aquela prova e a fiz.

Fiz como se estivesse numa maratona, na qual eu competia apenas comigo mesma. Queria dizer que foi uma prova tranquila, mas não foi! As crises de ansiedade vieram, eu rezei e pedi para Deus que me ajudasse, que fizesse a prova comigo, que a crise passasse e que desse tudo certo.

Você pode pensar: "Meu Deus, quanto drama! Era só uma prova!". Não era! era a minha 14ª prova objetiva, 7 anos tentando, e eu queria muito que tudo acabasse ali. Então, na hora da prova, eu comecei a me imaginar como advogada e pensei comigo: "eu só preciso fazer a minha parte, eu estudei para isso, o conhecimento está dentro de mim".

Após a prova, queria ansiosamente corrigir o resultado, mas uma amiga me aconselhou a conferir no dia seguinte. Ao conferir, contei 39 pontos. No primeiro momento, eu confesso que fiquei triste, mas o professor disse que havia possibilidade de anularem 5 questões. No entanto, daquelas 5, eu tinha acertado 3, portanto, as chances eram mínimas, mas existiam.

Eu achei por um momento que não daria certo, mas aí veio uma paz no meu coração, uma sensação diferente de todas as provas. Quando eu pensava no futuro, não conseguia me ver estudando novamente para a 1ª fase, então, de alguma forma, eu sabia que ia passar, mas não sabia como. Foi quando falei com a minha chefe e pedi um valor para comprar o curso da 2ª fase, porque eu sentia que ia passar.

Ela fez o adiantamento e disse: "Eu também acho que vai." Comprei o curso e comecei a estudar. Na véspera do resultado, eu tive um sonho: estava na frente do computador, abria a lista de aprovados no trabalho e o meu nome estava na lista.

Quando deu a hora, meus amigos começaram a mandar foto da lista. Deu certo! A questão foi anulada. Passei! me lembro que a minha surpresa foi que anularam justamente uma questão que eu nem cogitava, e era Deus me mostrando quem era o Senhor de todas as coisas.

Iniciei a terapia e um acompanhamento com mentoria. Não queria perder a oportunidade, ela era única, e precisava agarrá-la com todas as minhas forças. Tudo foi fundamental para compreender o que estava me travando, por que eu sempre chegava perto. Descobri que tinha problemas com merecimento — era uma questão muito mais profunda do que eu imaginava—, e isso fazia que inconscientemente eu me sabotasse. A verdade é que eu nunca pensei que não era capaz ou que seria uma advogada ruim, ou até que não tinha o conhecimento adequado para advogar. O que estava na minha cabeça era que, apesar de eu querer e saber que tinha capacidade, achava que não merecia tudo que sonhava.

Aceitar tudo isso foi primordial para dar novos passos e para perder medos que me paralisavam. No dia da prova de 2ª fase, me dei de encontro com crises de ansiedade, a sensação de taquicardia permaneceu durante todo o dia. Fui à missa e, após a celebração, fiz minha ação de graça. Foi quando, no meu momento de oração, eu ouvi Deus falar: "A peça é uma apelação". Lembro que fui para casa com aquilo ecoando e me questionando: "Será que estou ficando doida?". Chegando à sala de prova, a fiscal perguntou, qual matéria havia escolhido e eu disse Civil: Ela riu e falou: "Você deve ser a louca da sala, só você dos 25 alunos escolheu civil".

Ao pegar a prova, uma surpresa! A peça era uma apelação. Lembro que dei um grito: "NÃO ACREDITO!". E me pediram para fazer silêncio. Fiquei feliz, fiz a prova, mas, devido à má gestão do tempo e à ansiedade, imaginei que não tinha dado o meu melhor.

Após o resultado, vi que não havia obtido a nota, pois a peça estava cheia de vícios da vida prática. Mesmo recorrendo, o resultado do recurso não foi suficiente. Apesar de não ter concordado com a correção, busquei não me culpar e mudar a estratégia.

Recriei uma nova forma de estudar, peguei a prova e reli, procurei descobrir onde eu tinha errado, quais vícios precisavam ser sanados e administrar o tempo. Não estava ali para tirar 10; qualquer nota acima de 6 era 10. Encontrei os erros e foquei em sanar, priorizei minha saúde e dormi mais cedo. Entre uma jornada de estudo e outra, busquei relaxar, não saia para para lazer, montei meu pequeno acampamento no quarto. Eu precisava ser forte e aguentar, era uma fase. Então eu pensava: "logo isso vai acabar, e eu vou ser advogada".

Quando fui fazer a prova de repescagem percebi, que muitos já tinham perdido a esperança. Ouvia com constância frases como "e se você não passar?", "e você já está se preparando caso não consiga passar?". E eu falava: "Não quero pensar que pode dar errado. Eu me preparei para dar certo, mas se não for o momento, eu vou entender e vamos começar tudo de novo". Eu procurava focar apenas nas pessoas que me motivavam.

No dia do exame, fiz minha rotina e fui à missa. Ao final, eu ouvi novamente, era Deus falando no meu coração: "A peça é um embargo de terceiro". Na hora da prova, eu estava calma, mas comecei a esquentar, minhas costas doíam muito, era como se o peso do mundo estivesse em mim – a verdade é que mais tarde descobri que estava com covid e por isso o mal-estar. Veio a primeira crise de ansiedade e logo passou. Peguei a prova e era mais uma vez a louca da sala, o que me fez sentir orgulhosa e diferenciada.

Na véspera do resultado, tive um sonho: eu era uma garça, e alguém me falava: "Silmara, eu preciso ir, pois você já está pronta". Em determinado momento do sonho, me deu fome e eu comecei a comer os peixes que chegavam na beira da praia, então alguém falou: "Você precisa voar bem alto, pois, só quando voamos bem alto, é que podemos ver os melhores peixes. Pare de aceitar os restos que chegam à beira da praia e voe, Silmara!".

Eu me lembro que eu tentava voar, mas minhas asas pesavam e logo voltava para o chão, enquanto as pessoas na praia gritavam em uma só voz: "VOE, SILMARA! VOE, SILMARA!". Naquela manhã, eu entendi que o que me impedia de voar alto e pegar os maiores peixes era o meu medo de voar, era o pensamento de, pôr algum momento, acreditar que aquele céu e aqueles grandes peixes não eram para mim quando, na verdade, sempre foram.

Pode ser que você seja uma pessoa que não cresceu com muitas palavras afirmativas, que não cresceu com pessoas o motivando, pode ser que você seja um pouco de mim, que por algum momento se achou inferior no mundo ou que sofreu *bullying* ou preconceito.

Eu sei o que é tudo isso, eu passei por tudo isso, e tudo isso me acorrentou e criou barreiras. Eu achei que a prova da OAB era um peso, quando na verdade ela foi minha libertação, porque foi ela que durante 7 anos tentou me mostrar que eu precisava derrubar muros dentro de mim para poder enxergar meu próprio potencial.

Um dia antes do resultado, indo para casa, a rua estava escura. Olhando para o céu, falei: "Senhor, se esse for o meu momento, eu estou pronta. Por favor, que seja o meu momento, pois não aguento mais". Após essa prece, todas as lâmpadas da rua se acenderam, e eu olhei para o céu e ri dizendo: "Jesus, não me iluda desse jeito " (risos).

Finalmente, passei!

Viemos a esse mundo para ser luz, grandes luzeiros, grandes faróis, e tive essa certeza quando as luzes se acenderam. Era o meu momento, as luzes do palco se acendiam para que começasse a minha estreia, e essas luzes querem se acender para você também.

Isso me faz lembrar de uma frase que vi num prédio, em Curitiba, de uma poeta brasileira, Helena Kolody, que diz assim: “Deus dá a todos uma estrela. Uns fazem da estrela um sol. Outros nem conseguem vê-la.” Acredito que eu era como essas pessoas que não conseguiam ver a estrela e pensava que tinha vindo a este mundo com uma missão pouco importante, ou pequena demais para ser notada, mas, quando olhei para minha história, e percebi que eu não era o que as pessoas pensavam a meu respeito, mas o que Deus pensa a meu respeito – como disse Santa Teresinha – , eu vi a ponta da minha estrela.

No dia em que eu fui receber a minha carteira da OAB, consegui enxergar a minha estrela, porque pude tocar no meu sonho, pude olhar ele brilhar tão grande que o vi se tornar esse sol, um grande e luminoso sol nascente, para que pudesse alcançar você e o seu sonho.

Se me perguntassem se eu faria tudo de novo, eu faria com certeza, porque foi essa estrada que me trouxe aqui e me forjou e forja dia a dia. Eu, sinceramente, não sei qual é seu sonho, nem sequer sei se você tem um sonho, mas quero que saiba que, independentemente do seu sonho, ele vale a pena se tornar realidade, vale a pena você olhar para dentro de si e encontrar as forças necessárias para voar alto, pois também merece os maiores peixes.

Eu demorei 7 anos para passar na prova, precisei fazer um total de 17 provas, mas não desisti, mesmo quando eu não merecia continuar pelas minhas próprias transgressões.

Vale a pena! E eu lhe convido para, a partir de hoje, traçar o seu projeto. Coloque sua armadura e vá à luta, porque essa luta é só sua, não é de seus pais, nem dos seus filhos, é sua, e é só isso que importa.

Pense em todas as pessoas que estão esperando por você e faça acontecer!

Não tinha muitos sonhos e estou aprendendo que ficar no chão é para quem tem medo de voar.

Silmara de Leão Mendes

SUCCI FRANÇA CAETANO

Eu sou Succi França Caetano, filha abençoada de Deus, mamãe da Helena, casada com James, filha única de Vicente e Rosilda.

Sou advogada especialista em fraudes contra consumidores. Tenho especializações em direito do consumidor, direito bancário e em perícias: grafotécnica, documental, papiloscópica e biometrias digitais.

Sempre fui apaixonada pela área jurídica e nunca gostei de me sentir acomodada, procuro constantemente me atualizar (em todas as áreas da minha vida), buscando ser melhor do que há em mim a cada dia.

Você é o(a) seu(sua) maior concorrente. Supere-se e será invencível.

succifcaetano

+55 (63) 99137-1433

succi.adv@gmail.com

OS SEGREDOS DA ALTA PERFORMANCE

15

O PODER DA AUTOESTIMA NA CRENÇA DO MERECIMENTO

Por Succi França Caetano

Vivemos em uma sociedade que constantemente nos impõe padrões e expectativas de como ser a pessoa ideal, muitas vezes, gerando uma pressão constante, que afeta nossa autoestima.

A forma como enxergamos a nós mesmos desempenha um papel crucial em nossa crença de merecimento, por isso, é fundamental compreender o poder da autoestima e como ela influencia a percepção que temos sobre aquilo que merecemos alcançar na vida.

A falta de autoestima se transforma em uma barreira para o indivíduo, e isso o impede de acreditar verdadeiramente que merece o sucesso, o amor e a felicidade.

Geralmente essa pessoa acaba se anulando para caber em lugares que já não lhe cabem mais, somente por medo de sair daquele local já conhecido/"merecido" e ir conquistar o melhor para si.

Atribuo isso ao uso exacerbado das redes sociais, onde há a amostra de uma vida editada e perfeita, fazendo com que a sociedade imponha padrões inatingíveis, aumentando a pressão contínua em nós mesmos, contribuindo para a pessoa se enxergar em uma imagem negativa, impactando diretamente na capacidade de acreditar que ela merece as coisas boas que a vida tem a oferecer.

Como uma advogada em início de carreira irá competir com aquele escritório famosíssimo com milhões de seguidores no Instagram? O cenário é assustador para uma jovem que está iniciando sua carreira: muitos medos e incertezas. Porém, ela só irá conseguir se tentar, certo?! Ao desistir, ela já estará fadada ao fracasso.

É isso que as pessoas devem enxergar fora das redes sociais. O referido escritório está onde está porque, no início, uma pessoa criou coragem e foi atrás dos seus sonhos, estudou, foi crescendo aos poucos, foi expandindo, até se tornar o que é. E isso, qualquer pessoa que tem força de vontade e convive com pessoas que lhe dão apoio, consegue fazer.

"Mas, Succi, nenhuma das pessoas que eu convivo me apoia." Então, talvez, você esteja no ambiente errado.

De acordo com Jim Rohn, "você é a média das 5 (cinco) pessoas com quem mais convive". Algumas destas pessoas não dá para escolher, as outras você escolhe. Calma, vou lhe dar dois exemplos.

Ex.1: *Ana é concurseira, porém os seus quatro melhores amigos são festeiros e só pensam em bebida. Todo fim de semana eles chamam Ana para ir à festa, mas ela nega a maioria dos convites, pois quer continuar focada, estudando para ser aprovada no seu tão sonhado concurso. Esses amigos começam a chamá-la de chata, porque ela só quer saber de estudar, e Ana começa a se sentir mal por isso, se perguntando se vale mesmo a pena estar estudando tanto para algo em que nem sabe se um dia vai passar.*

Ex.2: *Ana é concurseira e está em um grupo de amigos em que todos são concurseiros. Eles conversam entre si sobre questões, tirando dúvidas e debatendo os editais dos concursos almejados. Combinam reuniões para estudarem juntos e algumas saídas para espairecer um pouco a cabeça depois de um longo dia de estudos. Como todos estudam para a área policial, combinam, também, para treinar para o TAF (teste de aptidão física), que é a segunda fase do concurso, e vão todos correr no parque da cidade no final do dia. Com o passar do tempo, um a um dos amigos de Ana foi sendo aprovado no concurso de seus sonhos, e isso a instigou. Ela acreditava que a sua aprovação estava mais próxima do que nunca.*

Percebe que, no primeiro exemplo, Ana estava convivendo em um ambiente completamente contraditório com o seu objetivo de vida? E, por isso, estava ficando frustrada, pensando em desistir dos estudos. Enquanto a Ana do segundo exemplo está em um ambiente favorável ao seu objetivo, o que torna a sua caminhada até a conquista mais leve. Portanto, cuidado com as pessoas com quem você está escolhendo conviver, **o ambiente sempre vence.**

Na maioria das vezes, alcançarmos a alta performance no que nos propomos a fazer requer algumas renúncias e decisões difíceis. Observe se as pessoas com quem você mais convive estão alinhadas com os seus objetivos, se elas o instigam a ser a sua melhor versão, ser mais inteligente.

Além desse ambiente em conformidade com os seus objetivos, é de suma importância para a sua alta performance, que você cuide da sua autoestima.

Quem nunca recusou o convite para um jantar de *network* somente porque pensou que não estaria à altura dos demais convidados? Eu já.

Procrastinei meu crescimento profissional por pensar que não conseguiria convencer as pessoas de que eu sou boa no que faço. Fiquei me escondendo dentro de uma sala, com medo de sair do comodismo e não conseguir clientes, ou de ser rejeitada ao apresentar-me, o que só foi me deixando cada vez mais frustrada, por saber que eu merecia mais do que aquilo, mas, por não ter autoestima (exatamente, não é que minha autoestima estava baixa, ela já nem existia), não tinha a coragem para enfrentar o mundo lá fora, e encontrar as maravilhas que eu tinha para conquistar.

A ausência de crença no merecimento pode resultar em escolhas limitadas, relacionamentos prejudicados e oportunidades perdidas. A autoestima precária pode criar um ciclo vicioso, no qual a falta de confiança em si leva a uma autoimagem negativa, o que o torna as pessoas indisposta, para buscar e aceitar oportunidades de crescimento pessoal e profissional, fazendo você ficar cada vez mais apática, frustrada e em uma rotina insuportável, o que gera, ainda, um ciclo de negatividade e autovalidação prejudicial, no qual cada falha é interpretada como um sinal de confirmação da falta de merecimento, perpetuando assim uma mentalidade de derrota.

As consequências de uma autoestima subestimada e uma crença limitada no merecimento são vastas e significativas. Indivíduos com baixa autoestima tendem a se contentar com menos do que merecem em diversos aspectos da vida, seja no trabalho, nos relacionamentos ou em suas aspirações pessoais. Eles podem se encontrar presos em padrões de pensamento negativos e autocríticos, que minam sua autoconfiança e autoestima ainda mais, criando um ciclo de autossabotagem e autoinvalidação.

Além disso, a falta de autoestima pode impactar negativamente a saúde mental e emocional, levando a distúrbios como ansiedade, depressão e transtornos alimentares. A longo prazo, esses problemas podem afetar a qualidade de vida e o bem-estar geral do indivíduo.

A construção de uma autoestima saudável e uma crença fortalecida no merecimento é um processo contínuo, que requer autoconhecimento, autocompaixão e prática constante. Você deve praticar isso todos os dias e não se esquecer de ser o seu maior compromisso.

Uma das primeiras etapas para fortalecer a autoestima é cultivar a autocompaixão, aprender a se tratar com gentileza e compaixão, em vez de se criticar constantemente por falhas percebidas ou imperfeições. Isso envolve reconhecer e aceitar nossa humanidade compartilhada, entendendo que todos nós cometemos erros e enfrentamos desafios na vida. Sempre tentamos dar o nosso melhor, mas também erramos, e está tudo bem, consertamos o nosso erro e caminhamos para frente.

É entender também que não damos conta de tudo sozinhos. Apesar de parecer que aquela pessoa que você admira dá conta de tudo, eu tenho certeza de que, se você sentar e tiver uma conversa com essa pessoa, ela vai lhe dizer que é um ser humano tanto quanto qualquer outro. Em alguns dias, consegue arrumar todas as pendências, em outros não.

A diferença dessas pessoas produtivas para as procrastinadoras é somente que aquelas sabem o que é prioridade na vida delas e organizam a sua rotina de acordo com a sua prioridade, já com um cronograma das tarefas a serem executadas ao levantar da cama até o adormecer, para evitar acordar com aquele pensamento "O que eu tenho que fazer primeiro?".

Pessoas produtivas planejam como será o seu dia pelo menos um dia antes e, quando acordam, executam aquilo que está em seu cronograma; isso inibe a procrastinação.

Para fortalecer a sua autoestima e a sua crença no merecimento, você também deve praticar o autocuidado e o desenvolvimento pessoal. Isso pode incluir atividades como exercícios físicos, meditação, um café com os(as) amigos(as), terapia, *hobbies* e interesses pessoais que tragam alegria e satisfação.

Ter um momento só para si, nem que seja 10 minutos por dia, todos os dias, para você ler algumas páginas do livro que gosta, escutar uma música, comer um pedaço de chocolate, já vai lhe fazer se sentir melhor. Coloque-se como prioridade nesse tempo. Com a dica dada anteriormente, ao planejar o seu dia, já separe esse tempo para si e não abra mão dele.

Invista na construção da sua autoestima, pois ela é essencial para transformar a sua crença de merecimento. A prática do autocuidado, o reconhecimento das próprias habilidades e conquistas, e a aceitação de imperfeições são passos fundamentais. Além disso, é importante questionar e desconstruir os padrões impostos pela sociedade, entendendo que cada indivíduo é único e digno de receber as bênçãos que a vida oferece.

Faça afirmações sobre você e para si mesmo, saiba quem você é. Assim, você se blindará de críticas externas, as quais possivelmente o afetariam.

Com o amor-próprio e o autoconhecimento, você sabe exatamente o que quer e o que não quer, o que deve aceitar ou não. Sendo assim, você não ficará confuso nem aceitará imposições de adjetivos relacionados a sua pessoa, que não lhe cabem. Por exemplo, se alguém lhe chamar de desorganizado, e você souber que não é uma pessoa desorganizada, falará para essa pessoa: "Desculpe-me, mas eu não sou desorganizado", e seguirá sua vida sem que isso o afete emocionalmente.

Quando a pessoa não se conhece, ela tende a vestir o adjetivo que lhe dão e acredita que aquilo é uma verdade, que faz parte de sua personalidade e não consegue mudar.

Às vezes, é essencial que você busque uma ajuda profissional, ou seja, de um psicólogo — terapia. Não tenha medo ou vergonha de assumir que precisa de ajuda, até porque não é vergonha nenhuma. Como já disse anteriormente, não damos conta de tudo sozinhos, há a sobrecarga na mente e no corpo, nós não aguentamos. Ao pedir ajuda, compartilhar a sua dor, sua dificuldade, você terá uma perspectiva melhor do que pode fazer para melhorar aquilo.

No meu caso, eu conheci a mentoria da Karen Batista, que me auxiliou bastante nessa jornada de me reencontrar como mulher após o parto.

Quem é mulher e mãe irá me entender, mas, para explicar a todos, no puerpério, a maioria das mulheres se perde em si e se vê somente como mãe daquele lindo ser recém-nascido. À medida que o bebê cresce, a mulher volta a se observar e vê que o seu corpo já não é mais o mesmo, a sua forma de pensar não é a mesma, as suas prioridades não são mais as mesmas, e aí vem a pergunta: "Mas quem é essa pessoa que eu me tornei? Será que um dia eu vou voltar a ser a Succi de antes?".

Minha autoestima já desabou ali, porque eu estava detestando o meu corpo e não tinha muito o que fazer, pelo menos nada com o resultado imediato. Eu já não gostava mais de me olhar no espelho, porque não gostava do que via, e nem queria sair, porque tinha vergonha de me mostrar daquela forma. Não estava mais feliz no emprego em que eu estava, tão apenas tentando me fingir de feliz para as outras pessoas não perceberem o que estava acontecendo.

Foi aí que eu percebi que precisava de ajuda. No mesmo dia, a Karen Batista postou em seus *stories* sobre a sua mentoria individualizada que auxiliava a pessoa a ser melhor em todas as áreas da sua vida (espiritual, intelectual, saúde, cônjuge, família, parentes, profissional, financeira, equilíbrio emocional e vida social), e eu pensei: "É tudo o que eu preciso". Entrei em contato com ela e fechei a mentoria.

No decorrer da mentoria, fui abrindo os meus olhos, enxergando algumas oportunidades que eu não estava enxergando pela falta de autoestima, pois acreditava que não merecia. Comecei a cuidar de mim, organizar o meu tempo para ir à academia, estudar, fazer cursos sobre marketing, aprendi técnicas de oratória na mentoria da Karen, fui ao salão, arrumei meu cabelo, minhas unhas, comprei um conjunto de roupa novo, e, então, comecei a me sentir melhor, comecei a me olhar no espelho, colocar alguns acessórios e me maquiar. Fui me reencontrando ali, aos poucos, não a Succi de antes, mas uma Succi muito melhor, mais obstinada, focada, que sabe das suas prioridades, metas, sonhos e objetivos, e qual caminho deve trilhar para alcançá-los.

Hoje, eu sou dona do meu escritório de advocacia, onde ofereço serviços de assessoria jurídica e pericial, para assegurar que os consumidores tenham os seus direitos validados e não sejam vítimas de fraudes. Sou esposa, mãe, filha, dona de casa, escritora e palestrante.

No que se refere à minha autoestima relacionada ao meu corpo, obviamente, ele não ficou "perfeito" em poucos meses de academia, mas eu aprendi a amá-lo como ele está e a continuar buscando o corpo que quero ter, mas amando o processo, pois dessa forma fica muito mais leve. Por isso, é importante você perceber as suas conquistas e comemorá-las.

A prática da gratidão também é ferramenta poderosa para fortalecer a autoestima e a crença no merecimento. Ao reconhecer e apreciar as bênçãos em nossas vidas, podemos cultivar um senso de abundância e valorizar nossa própria dignidade. Isso pode ajudar a mudar nossa mentalidade de escassez para uma mentalidade de gratidão e generosidade, permitindo que reconheçamos e aceitemos as bênçãos que o universo tem a oferecer.

Seja grato todos os dias pelas bençãos que Deus lhe dá, por acordar, por estar bem ao lado da sua família e todos com saúde, por ter conseguido um tempo para cuidar de si mesmo naquele dia, por aquele quilo que conseguiu emagrecer. Pratique sempre a gratidão.

Dessa forma, sejamos gratos por cada conquista, por menor que ela pareça ser, pois esta conquista o deixou um passo mais próximo do seu objetivo final. Encare as suas metas como um morro, bem alto, mas que tem escadas para a subida, então divida aquela meta que parece longa em pequenas partes, assim ficará mais fácil para você validar cada conquista alcançada.

Quer um exemplo disso? Digamos que Maria quer emagrecer 12 kg em um período de 6 meses. Olhando assim, nosso cérebro costuma pensar: "Nossa, mas emagrecer 12 kg é muito, vai dar muito trabalho", Maria começa a dieta bem, mas não consegue mantê-la por um longo período, comete alguns deslizes na alimentação, vê que em 3 meses ela conseguiu emagrecer apenas 6 kg, frustra-se e acha que essa história de dieta não é para ela.

Mas, e se a Maria se propor a emagrecer 2 kg por mês?! Já é um número mais alcançável, uma meta "palpável". Se Maria emagrecer 2 kg por mês, ao final dos 6 meses, ela emagreceria os 12 kg almejados. Se analisarmos, no primeiro contexto, a Maria estava conseguindo atingir a sua meta, mas ela estava tão focada nos 12 kg que tinha que emagrecer que não percebeu a sua conquista de já ter emagrecido a metade deles.

O ser humano, por ser imediatista, quer que o seu objetivo final (prêmio) seja alcançado de forma imediata, portanto é mais fácil para o seu cérebro se manter focado em uma meta se você subdividi-la em "metinhas". Assim, a cada "metinha" alcançada, você irá perceber a sua conquista, e seu cérebro sentirá que houve uma recompensa para aquele esforço, ficando sempre entusiasmado para as próximas conquistas.

Outra dica é: movimente-se. Aquela frase: "Quem não é visto, não é lembrado!" é verídica. Para você alcançar a sua alta performance, seja em qual for a sua área, precisa deixar para trás essa crença do baixo merecimento e se movimentar, aparecer, ser intencional.

Nas primeiras vezes, você, provavelmente, vai precisar ir com medo mesmo. Mesmo com vontade de não ir, perguntando-se "O que eu ou fazer lá?", você vai. No final do encontro, você vai ver que se arrependeria de não ter ido, e pode até não fechar nenhum negócio naquela reunião, mas você se mostrou, demonstrou ao universo que está disposto a se movimentar para conquistar o seu objetivo e a aceitar as bençãos que lhe forem dadas. Assim as oportunidades irão surgir, e você deve aproveitá-las.

A construção de uma autoestima saudável e uma crença fortalecida no merecimento não é um processo fácil ou rápido. Requer tempo, esforço e dedicação constante. Você terá que investir em si mesmo dia a dia; alguns dias você conseguirá mais, em outros, menos. E é isso, vá no seu tempo, respeitando-se, conhecendo-se. O importante é a constância, a disciplina e nunca desistir do seu maior compromisso: você mesmo. Ao começar a colher os frutos dessa dedicação, você irá perceber que os benefícios de se comprometer consigo mesmo são inestimáveis.

Uma autoestima saudável não só melhora nossa qualidade de vida e bem-estar emocional, mas também nos capacita a alcançar nossos objetivos e sonhos com confiança e determinação.

Quando você está bem consigo mesmo, as outras pessoas o enxergam de uma forma diferente, elas veem a autoridade e a confiança que você transparece com a sua comunicação corporal, e tudo isso afeta a sua alta performance. Quando você olhar para o espelho, precisa gostar do que ver, precisa se amar, sentir orgulho de quem você é e assim acreditará que merece o melhor.

Cada um de nós merece viver uma vida plena e satisfatória, repleta de amor, sucesso e felicidade com abundância. Na Bíblia, em Jo (10:10) Jesus diz: "Eu vim para que todos tenham vida e vida em abundância.". Siga a palavra de Deus e tenha a vida em abundância que Ele confiou a você. Faça a sua parte: trabalhe, estude, cuide de você, fique pronto para, quando as oportunidades de melhoria aparecerem na sua vida, você estar preparado para aceitá-las e dar o seu melhor em cada uma delas.

Por oportuno, vamos fazer uma recapitulação das dicas dadas neste capítulo para o fortalecimento da sua autoestima na crença de merecimento:

- verifique se as pessoas e o ambiente em que convive está de acordo com os seus propósitos;
- movimente-se, vá atrás dos seus objetivos;
- pratique a autocompaixão e o autocuidado;
- tenha autoconhecimento;
- seja grato sempre.

Ao praticar estas dicas diariamente, você atingirá a sua alta performance e será invencível.

Portanto, convido você a se comprometer com sua jornada de autodescoberta e crescimento pessoal. Dedique-se a cultivar uma autoestima saudável e uma crença inabalável no merecimento. Seja gentil consigo mesmo, desafie suas crenças limitantes e busque apoio sempre que necessário. Lembre-se de que você é digno de amor, sucesso e felicidade, e merece todas as bênçãos que o universo tem a oferecer.

Juntos, podemos explorar ainda mais os caminhos para uma autoestima imbatível. Se quiser continuar essa jornada de fortalecimento de autoestima na crença de merecimento, siga-me no Instagram para conteúdos exclusivos, e uma dose extra de inspiração para elevar a sua confiança. Envie uma mensagem diretamente para mim e compartilhe suas reflexões, conquistas e desafios. Será uma honra fazer parte da sua jornada de crescimento pessoal!

Cuide sempre da sua autoestima e acreditará que merece o melhor que a vida tem a oferecer.

Succi França Caetano

ANOTAÇÕES

ANOTAÇÕES

ANOTAÇÕES

ANOTAÇÕES

ANOTAÇÕES

ANOTAÇÕES